필립 코틀러
# 마켓 **6.0**

# 필립 코틀러
# 마켓 6.0

필립 코틀러, 허마원 카타자야, 이완 세티아완 지음

방영호 옮김

## AI 시대
## 고객 경험을
## 진화시켜라

# MARKETING
# 6.0
## THE FUTURE
## IS IMMERSIVE

더퀘스트

**옮긴이 방영호**

경제경영 및 인문교양 분야 전문번역가. 아주대학교에서 영문학과 불문학을, 같은 대학 국제학부에서 유럽지역학을 전공했다. 학업을 마친 후 국내 여러 기업에서 마케팅 기획 및 상품개발 관련 업무를 했다. 세상에 관한 지식과 지혜를 전달하는 일에 보람을 느끼며 번역에 몰두하고 있다. 역서로는 《화폐의 추락》, 《돈의 공식》, 《알고리즘 리더》, 《스티븐 코비에게 배우는 효과적인 삶》, 《필립 코틀러 퍼스널 마케팅》, 《보스의 탄생》, 《필립 코틀러의 마케팅 모험》, 《일과 공간의 재창조》, 《필립 코틀러 마케팅의 미래》 등이 있다.

## 필립코틀러
## 마켓 6.0

**초판 1쇄 발행** · 2024년 5월 16일
**초판 2쇄 발행** · 2024년 5월 24일

**지은이** · 필립 코틀러, 허마원 카타자야, 이완 세티아완
**옮긴이** · 방영호
**발행인** · 이종원
**발행처** · (주) 도서출판 길벗
**브랜드** · 더퀘스트
**주소** · 서울시 마포구 월드컵로 10길 56 (서교동)
**대표전화** · 02 ) 332-0931 | 팩스 · 02 ) 322-0586
**출판사 등록일** · 1990년 12월 24일
**홈페이지** · www.gilbut.co.kr | 이메일 · gilbut@gilbut.co.kr
**기획 및 편집** · 송은경(eun3850@gilbut.co.kr), 유예진, 오수영 | **제작** · 이준호, 손일순, 이진혁
**마케팅** · 정경원, 김진영, 김선영, 최명주, 이지현, 류효정 | **유통혁신팀** · 한준희
**영업관리** · 김명자 | **독자지원** · 윤정아, 이윤신

**표지 디자인** · 디자인 장마 | **본문 디자인** · 디자인현 | **교정교열** · 공순례 |
**CTP 출력 및 인쇄** · 영림인쇄 | **제본** · 영림인쇄

ISBN 979-11-407-0994-6 (03320)

(길벗 도서번호 090252)

정가 23,000원

마케팅의 목적은 사람들의 삶과 공익에 기여하는 것이다.

- 필립 코틀러

필립 코틀러가 '마켓 6.0'을 내놨다는 소식에 '벌써?' 하며 깜짝 놀랐다. 책을 펼치고 '메타마케팅Metamarketing'이라는 단어에 다시 놀랐다. 내가 강의할 때마다 국경도, 언어도 초월하는 메타 세상의 세계관에서 비즈니스 모델링이 필요하다고 강조했었는데! 마지막으로 '경험 디자인'이 언급될 때는 거의 기절할 뻔했다. 'AI 시대 가장 중요한 것이 좋은 경험을 통한 몰입의 힘'임을 그는 이미 귀신처럼 꿰뚫고 있던 것이다. AI 시대 마케팅의 변화를 제대로 알고 준비하고 싶다면 이 책을 읽고, 또 읽고, 곱씹어 또 읽기를 추천한다. 벌써 '마켓 7.0'이 기다려진다.

**최재붕_성균관대학교 교수, 《포노사피엔스》《CHANGE 9》 저자**


늦은 저녁 휴대전화 속 상점에서 마음에 드는 것을 주문하면, 바로 다음 날 새벽에 우리 집 문 앞에 배달되는 세상이 왔습니다. 그럼에도 주말이면 사람들이 북적이는 거리로 나가 그 브랜드의 아카이브가 세심하게 표현된 팝업 스토어를 방문하고 한정판 제품을 구매합니다. 이처럼 오감을 넘어 육감을 이야기하는 우리 인간의 마음은 복잡하고도 섬세하기만 합니다.

기술이 감각을 증강시키는 시대, 편리와 욕망이 결합된 사람들의 마음을 이해하고 싶은 분들에게 이 책의 일독을 권합니다.

**송길영_마인드 마이너, 《시대예보: 핵개인의 시대》 저자**

마케팅은 동기화synchronization 과정이다. 내가 팔 것의 본질과 고객의 정체성을 연결하는 동기화 과정인 것이다. 《필립 코틀러 마켓 6.0》은 글이 아닌 경험, 그것도 제3자의 경험이 아닌 1인칭 몰입 경험을 통해, 동기화의 비밀을 풀어내고 있다. 동기화가 필요한 모든 이들에게 이 책을 권한다.

**김상균_인지과학자, 경희대 경영대학원 교수, 《메타버스》《AI × 인간지능의 시대》 저자**

챗GPT를 위시한 생성형 AI, 인공 일반 지능AGI, AR/VR 등 최첨단 기술들은 비즈니스 환경 변화의 변곡점을 만들었다. 게다가 피지털 네이티브physital native이자 메타버스 네이티브인 잘파세대(Z세대와 알파세대)의 소비자적 가치가 커졌다. 기업들은 이제 어떻게 더 진화된 몰입형 고객 경험을 제공할 것인가를 절실히 고민해야 한다. 이 책에서 제시하는 상호적, 다감각, 참여형, 스토리텔링, 마찰 없는 몰입형 경험을 제공하는 메타마케팅에서 그 해답을 찾을 수 있을 것이다.

**황지영_미국 노스캐롤라이나대학교UNCG 마케팅 교수,**
**《리테일의 미래》《리:스토어》《잘파가 온다》 저자**

필립 코틀러 박사는 비즈니스 하는 사람들에게 '마케팅(Market+ing)'이라는 단어를 만들어 선사했다. 이는 60여 년 비즈니스 역사를 관통하는 주요 메시지이자, 사업 전반을 이끌게 하는 불변의 명제가 되었다. 산업이 2차, 3차 그리고 오늘날 4차 산업에 이르기까지 또는 동-서양, 온라인-오프라인, 모바일 세계에 이르기까지 마케팅은 비즈니스의 중심축에 자리했다.

그것도 모자라, 코틀러 박사는 지금 AI와 로봇, 새로운 모빌리티, 그리고 미래에 끊임없이 전개될 메타버스 시대에 필요한 주요 화두를 다시 한번 선사한다. 바로 '메타마케팅'이다. 미래 비즈니스를 향한 중대한 과제가 우리에게 남겨진 지금, 이 책을 읽으면서 풀어가 보길 바란다.

**이해선_한국마케팅협회 회장, 《생각이 크기가 시장의 크기다》 저자**


몰입형 마케팅은 고객이 직접 그곳에 있다고 확신할 때까지 고객을 스토리 속으로 안내하는 것이다. 그 과정에서 현실과 상상의 자극이 혼합되어 새로운 종류의 지각된 현실을 형성한다. 이 책은 그러한 미래 마케팅의 세계로 우리를 안내한다. 진정한 깨달음을 주고 생각을 자극하는 책이다.

**헤르만 지몬**Hermann Simon**_지몬-쿠허의 창립자이자 회장, 《히든 챔피언》 저자**


가상의 몰입형 세계가 빠르게 부상하고 있다. 이 새로운 현실에서 기존의 모델은 더 이상 통하지 않는다. 《필립 코틀러 마켓 6.0》은 미래를 선도하고자 하는 마케터를 위한 최고의 가이드다.

**로버트 월코트**Rob Wolcott**_트윈 글로벌**Twin Global**의 공동 창립자이자 회장**

항상 한발 앞서가는 마케팅 사상가 중 가장 기민하고 뛰어난 필립 코틀러와 그의 오랜 공동 저자인 허마원 카타자야, 이완 세티아완은 역대 가장 복잡하고 도전적인 마케팅 시대에 나아갈 길을 다시 한번 밝혀준다. 《필립 코틀러 마켓 6.0》은 혁신적인 기술과 전례 없는 변화의 시대에 마케터가 어떻게 성공할 수 있는지를 포괄적이고 설득력 있게 보여준다.

**케빈 레인 켈러**Kevin Lane Keller**_다트머스 대학 터크 경영대학원 오스본**E. B Osborn **석좌교수**

현대 마케팅의 아버지 필립 코틀러는 새로운 마케팅 트렌드를 파악하고 그것이 비즈니스 환경을 어떻게 변화시킬지 예측하는 독보적인 능력을 가지고 있다. 이 책도 마찬가지다. 고객과 기업이 상호 작용하는 방식에 증강현실과 가상현실이 어떤 영향을 미칠지 설명하고, 그 변화로 인해 마케팅의 미래가 몰입형 고객 경험 창출에 달려 있음을 통찰한다.

**알렉산더 체르네프**Alexander Chernev**_노스웨스턴 대학 켈로그 경영대학원 마케팅 교수**

**필립 코틀러**
# 마켓 6.0
| 차례 |

---

## • 1부 •
## 바야흐로 마켓 6.0의 시대다

---

---

## • 2부 •
## 마켓 6.0의 촉진 요인과 환경

---

• 3부 •
# 마켓 6.0의 경험

# MARKETING 6.0

# 6.0

## THE FUTURE
## IS IMMERSIVE

# 바야흐로 마켓 6.0의 시대다

1장

# 마켓
# 6.0이란

**멀티에서 옴니로,
옴니에서 메타로**

그간 집필한 마케팅 연작에서는 비즈니스 환경의 변화를 짚어보고, 그에 따라 마케팅 방법이 변화해온 과정을 자세히 들여다봤다. 첫 책인 《마켓 3.0: 모든 것을 바꾸어놓을 새로운 시장의 도래》에서는 마케팅의 개념이 진화를 거듭한 끝에 인간 중심의 마케팅 시대로 진입했음을 살펴봤다. 즉 마케팅은 제품 중심의 '마켓 1.0'에서 고객 중심의 '마켓 2.0'으로, 이어 인간 중심의 '마켓 3.0'으로 중대한 변화를 이뤄왔다. 마켓 3.0의 특징은 고객이 스스로 선택하는 브랜드를 통해 기능적·정서적 만족은 물론 정신적 충족을 얻고자 한다는 점이다.

《마켓 3.0》은 2010년 출간 당시 엄청난 반향을 불러일으켰고, 사회에 긍정적 영향을 미치는 기업과 거래하고자 하는 적극적인 현대 고객들에게 청사진을 제공했다. 오늘날 마케팅에서 지속가능성을 접목한 테마는 특히 미국의 지속가능발전목표SDGs에 부합하는 제품과 서비스로 시장에 진입하는 데 매우 중요하다. 기업들은 마케팅을 SDGs에 맞추어 조정함으로써 인류가 직면한 가장 큰 문제를 해결하는 데 기여할 수 있다.

마케팅의 핵심 기능은 가치를 전하고 고객과의 신뢰를 구축함으로써 브랜드가 행동에 영향을 미치게 하는 것이다. 일례로 프록터앤드갬블P&G은 막강한 입소문 전략을 활용해 마케팅을 통한 변화를 주도했다. 세계 최대 광고주인 P&G는 다양성 · 평등 · 포용이라는 테마를 주창하며 질레트Gillette, 올웨이즈Always, 팸퍼스Pampers 같은 브랜드의 스토리텔링 캠페인을 성공시켰다.

또한 마케팅을 진행하는 목적은 시장을 확장하고 성장을 주도하는 것이다. 홀대받는 시장에 제품과 서비스가 보급될 때 우리는 SDGs의 포괄적 의제인 '완전히 포용적인 사회'에 한 발 더 다가갈 수 있다. 이를 매우 잘 보여주는 사례로 구글Google을 들 수 있다. 이 기업은 '다음 10억 사용자 Next Billion Users' 프로그램으로 인터넷 초보 사용자들에게 적합한 기술 제품을 제작한다. 시장을 이해하고 관련성 있는 제품을 개발하고 기술 수용을 주도하는 능력을 갖췄기에 구글은 이 목표를 달성할 준비가 충분히 됐다. 그런 기술 제품 중 하나인 구글 렌즈Google Lens는 개발도상국의 문맹자들에게 글을 소리내어 읽어준다.

기술이 진화를 거듭함에 따라 마케터들이 고객과 상호작용하는 방식도 변화해왔다. 2016년에 출간한《필립 코틀러의 마켓 4.0: 4차 산업혁명이 뒤바꾼 시장을 선점하라》는 기업들이 갈수록 강화되는 디지털 환경에 적응하고 디지털에 능숙한 세대의 관심을 사로잡아 충성스러운 옹호자로 만드는 데 영향을 미쳤다.

《필립 코틀러의 마켓 4.0》은 디지털 전환이 본질인 인더스트리 4.0 Industry 4.0(제4차 산업혁명) 정책에서 영감을 얻었다. 2011년 독일 정부가 고도의 기술 전략으로 소개한 인더스트리 4.0은 디지털 기술이 접목된 생산 체계가 어떻게 구축되는지를 보여준다.

마켓 4.0에서는 고객의 여정 전반에 걸쳐 전통적 마케팅을 보완하는 디지털 마케팅 실험이 중요했다. 그리고 콘텐츠 마케팅content marketing과 옴니채널 마케팅omnichannel marketing(소비자가 온라인, 오프라인, 모바일 등 다양한 경로를 넘나들며 상품을 검색하고 구매하도록 하는 마케팅) 같은 디지털 전략을 채택하는 일도 필수가 됐다.

콘텐츠 마케팅에는 가치 있는 콘텐츠를 창출하여 주로 소셜 미디어를 통해 표적 고객에게 배포하는 활동이 포함된다. 이 활동이 전통적인 광고보다 효과가 있는 이유는 의미가 담긴 내용인 데다 사람들의 흥미를 유발하기 때문이다. 이 전략은 대개 옴니채널 마케팅과 병행되며, 온라인과 오프라인 채널들이 함께 작동해 매끄러운 고객 경험을 창출하는 프로세스로 이뤄진다. 이 두 패러다임은 팬데믹이라는 예측하지 못한 난관을 헤쳐나가는 과정에서 마케터들에게 매우 적절하고 유용하다는 사실이 판명됐다.

실제로, 2년간의 팬데믹 시기에 지역 기업의 3분의 2가 콘텐츠 마케팅을 진행했다. 페이스북Facebook의 저널리즘 프로젝트인 '메타 브랜디드 콘텐츠 프로젝트Meta Branded Content Project'에 따르면, 마케팅 기획과 콘텐츠 배포에 지출된 비용이 거의 200억 달러로 증가했다. 또한 모바일 결제 기업 스퀘어Square 및 시사 잡지 〈애틀랜틱Atlantic〉이 발표한 바에 따르면, 모든 부문(소매, 건강 및 피트니스, 주택 구입 및 보수, 전문 서비스)에 걸쳐 75%가 넘는 기업이 옴니채널 마케팅을 시행했다. 콘텐츠 마케팅과 옴니채널 방식은 오늘날 디지털 전략의 핵심 요소가 됐으며, 한편으로는 최근의 기술 발전이 우리를 다음 단계로 나아가게 하고 있다.

2021년에 펴낸 《필립 코틀러 마켓 5.0: '휴머니티'를 향한 기업의 도전과 변화가 시작된다!》에서는 문제 해결과 의사결정에서 인간의 능력을 구현하는 핵심 기술인 인공지능Artificial Intelligence, AI을 다뤘다.

마켓 5.0은 인간 생활에 필요한 기술 활용을 주제로 하는 소사이어티 5.0 Society 5.0(제4차 산업혁명의 결과로 구현되는 미래상-옮긴이)에서 착안됐다. 소사이어티 5.0은 인더스트리 4.0에서 확장된 개념으로, 2016년 일본 정부가 제시했다. 이 개념은 인류의 이익을 실현하고자 인공지능 같은 발전된 기술을 활용하는 사회상을 반영한다.

인공지능이 개발된 지도 어언 60년이 지났는데, 시간이 지남에 따라 인공지능을 바라보는 시각이 다양해졌다. 예컨대 일자리 소멸부터 인류의 멸망까지 인공지능이 가져올 위협적인 측면을 경계하는 관점이 있다. 그 맞은편에서는, 두려움과 불안을 불러일으키는 건 사실이지만 인공지능은 분명 인류에게 혜택을 준다고 주장하는 사람들도 존재한다. 이런 관점들과 별개로 인공지능은 대용량의 데이터를 분석하고, 미래 결과를 예측하고, 축적된 개인화 경험을 전달하는 능력을 통해 기업의 사업 운영 방식을 급격히 변화시키고 있다.

인공지능을 잘 활용하는 기업인 펩시코PepsiCo는 디지털 데이터(소셜 미디어 게시물과 레시피에 관한 온라인상의 의견)를 기반으로 새로운 제품군과 잠재적인 맛에 대한 통찰을 수집한다. 오프 디 이튼 패스Off The Eaten Path 브랜드의 과자와 프로펠Propel 브랜드의 스포츠 드링크도 인공지능의 통찰을 기반으로 개발됐다. 펩시코에서 인공지능은 제품 개발과 관련해 실험용 기술에서 응용 기술로 급속히 전환됐다.

인공지능은 《마켓 5.0》이 출간된 이후로도 급격히 발전했다. 인간과 같은 인지 능력을 갖춘 인공 일반 지능Artificial General Intelligence, AGI을 구현하는 건 여전히 난해하고 힘든 목표이지만, 많은 사람이 이를 위해 노력하고 있다. 지금 인공지능은 상호작용성이 매우 강화됐으며, 주류로 부상했다. 오픈AI OpenAI(인류 전체에 이익이 되는 인공지능을 목표로 하는 미국의 인공지능 연구소-옮긴이)가 출시한 챗GPTChatGPT는 인공지능의 발전 가능성을 잘 보여준다. 챗GPT는 매우 지능적이며 상호작용 가능한 언어 모델로 인간과 기계의 소통을 촉진함으로써 협업의 효과를 높여준다.

인공지능이 개발되면서 다른 기술군도 발전할 수 있었다. 이에 따라 비즈니스 환경이 또 다시 변화를 맞이했고, 그 결과 마케팅의 차세대 혁명이 일어났다.

## 몰입형 마케팅의 부상

최근 들어 기술 발전에서 눈에 띄는 변화가 이뤄졌는데, 고객과 브랜드 사이에서 몰입형 상호작용이 강화됐다는 점이다. 이와 같은 변화는 디지털 네이티브digital native 세대, 즉 Z세대와 알파세대의 등장에 기인한다. 이 두 세대는 인터넷이 이미 널리 보급된 세상에서 태어났으며, 물질적 요소와 디지털 요소가 혼합된 몰입 경험에 매우 익숙하다. 2장에서 이 두 집단의 특성과 선호를 더 깊이 파헤칠 것이다.

이 두 세대의 출현으로 디지털 동향에 큰 변화가 일어났으며, 디지털 공간 역시 다양한 측면에서 변화를 거듭했다. 주목할 만한 변화 중 하나를 꼽자면 디지털 영역 안에서 상호작용성과 몰입도가 강화됐다는 점이다. 아주 좋은 예로 소셜 미디어에서 숏폼 동영상

short-form videos(1분 안팎의 짧은 동영상을 말하며 틱톡TikTok을 필두로 유튜브 Youtube, 페이스북, 인스타그램Instagram이 가세하여 숏폼 플랫폼 경쟁을 펼치고 있다-옮긴이)이 유행하는 현상을 들 수 있다. 숏폼 동영상에 빠져든 사람은 자기도 모르게 끝없이 스크롤하며 몰입감 넘치는 시청 경험을 얻는다. 게다가 실시간 채팅 기능과 라이브스트림을 통해 구매자와 판매자 사이의 대화가 원활히 이어지는 혁신적인 모델이 등장하면서 전자상거래e-commerce가 한층 더 매력적인 거래 행위가 됐다. 이 신흥 트렌드가 디지털 공간에 미치는 영향은 3장에서 자세히 들여다본다.

이러한 트렌드에 따라 기업은 물리적 접점과 디지털 접점 사이의 경계를 허무는 더욱 몰입도 높은 고객 경험을 제공해야 한다. 다감각multisensory 경험 및 인간 대 인간의 교류 같은 오프라인 상호작용의 이점을, 대규모의 개인화된 상호작용이 포함된 온라인 경험의 이점과 결합함으로써 기업들은 진정으로 몰입감 넘치는 고객 여정을 창출할 수 있다. 팬데믹 이후에도 고객 경험의 상당 부분은 여전히 물리적 공간에서 일어날 것으로 보인다. 그와 함께 이 물리적 상호작용을 디지털 기술로 강화해 디지털 네이티브 세대의 욕구를 충족시키는 트렌드가 확대되고 있다. 이 주제는 4장에서 좀 더 자세히 논의한다.

디지털 요소를 접목해 물리적 공간을 디지털 방식으로 강화하는 주요한 기술로 증강현실Augmented Reality, AR과 가상현실Virtual Reality, VR이 있다. 두 기술은 물리적 영역과 디지털 영역을 융합한다는 데 공통점이 있지만, 작동 방식에 차이가 있다. 증강현실은 현실 세계에 디지털 요소를 결합하는 기술로, 물리적 환경에 가상의 이미지를 중첩한다. 증강현실 사용자들은 디지털 콘텐츠와 상호작용하면서 물리적 환경을 경험한다. 그에 비해 가상현실은 완전한 가상의 환경으로, 사용자들이 물리적 환경에서 분리된 디지털 세상에 온전히 몰입하게 한다.

증강현실을 보여주는 대표적인 예가 포켓몬고Pokémon Go 게임이다. 플레이어들은 스마트폰 화면을 바라보며 마치 현실 세계 곳곳에 서식하는 듯한 작은 괴물들을 찾아내 수집할 수 있다. 기업들 역시 증강현실을 광범위한 영역에 적용해왔다. 이를테면, 세계 최대 가구 업체 이케아IKEA는 고객이 집에서 가상으로 가구를 배치해본 후 구매에 나서도록 자체 모바일 앱을 제공한다. 프랑스의 화장품회사 로레알L'Oréal은 증강현실 기술을 사용해 디지털 이미지를 생성함으로써 고객이 마치 직접 화장을 해보는 듯한 가상의 화장 체험을 제공한다.

가상현실은 증강현실에서 몰입감을 한 단계 더 끌어올린 경험을 제공한다. 고객은 현실의 경험처럼 느껴지는 가상의 환경에 완전히 몰입할 수 있다. 볼보Volvo와 BMW 등의 기업들도 가상현실을 이용해 운전을 체험하게 해주고 있으며, 〈뉴욕타임스〉는 가상현실을 이용해 풍부한 멀티미디어 콘텐츠가 담긴 스토리를 전달한다.

그 밖에 확장현실Extended Reality, XR도 있다. 증강현실과 가상현실을 총칭하는 개념으로, 사용자들이 물리적 공간 안에서 디지털 경험을 하게 해주는 기술이다. 이와는 반대로 사용자들이 디지털 환경에서 현실감을 느끼게 해주는 기술도 있다. 메타버스metaverse라고 하는 이 개념은 몰입 경험의 또 다른 측면을 보여준다. 간단히 말해, 메타버스는 물리적 세계와 매우 닮은 가상의 세계를 의미한다.

로블록스Roblox, 포트나이트Fortnite, 마인크래프트Minecraft, 디센트럴랜드Decentraland, 더샌드박스The Sandbox 등 인기 게임에서 가상 세계가 구현됐듯이 메타버스의 초기 형태는 게임 업계에서 유래했다. 이 가상의 환경에서는 마시멜로Marshmello, 트래비스 스콧Travis Scott, 아리아나 그란데Ariana Grande 같은 아티스트들이 콘서트를 개최하는 등 게임 이외의 경험도 제공한다.

메타버스라는 개념은 젊은 세대를 위한 몰입형 소셜 미디어가 될 잠재력이 있기에 게임이나 오락에 한정되지 않는다. 확장현실과 메타버스는 물리적 영역과 디지털 영역 간의 경계를 없애 고차원의 몰입 경험을 불러일으킨다. 여기에서 파생한 '메타마케팅metamarketing'이라는 개념이 마켓 6.0의 근간을 이룬다. 앞에 붙은 'meta'는 그리스어에서 온 말로 '저 너머beyond' 또는 '초월

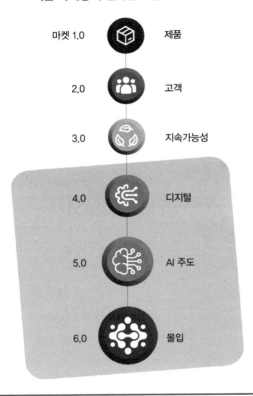

[그림 1.1] 마케팅의 진화

transcending'을 의미한다. 그래서 메타마케팅은 물리적 세계와 디지털 세계 사이의 경계를 초월하는 마케팅 접근법으로 정의되며, 고객이 두 영역의 차이를 인지하지 못하는 몰입 경험을 제공한다.

# 옴니채널 마케팅의 다음 단계, 메타마케팅

인터넷이 대중화되기 이전에는 마케터들이 고객과 상호작용하기 위해 TV와 인쇄물, 오프라인 점포와 같은 전통적인 채널에 의존했다. 따라서 마케팅은 인간 대 인간의 상호작용과 병행하여 특정한 세분 시장의 관심을 끄는 방향으로 이뤄졌다. 고객들이 정보에 접근하고 상호 소통하는 데 한계가 있었기 때문에 정보의 불균등이 심했으며, 마케터들은 고객을 타기팅targeting하는 데 더 유리한 위치에 있었다.

그러다가 인터넷의 등장으로 고객들이 미디어에 대한 선택권과 구매 결정에 대한 통제력을 갖게 됐다. 고객들은 온라인에서 제품과 서비스를 검색하고, 리뷰를 읽고, 소셜 미디어에서 다른 사람들과 연결됐다. 마케터들은 권력을 획득한 고객들에게 영향력을 일부 빼앗기긴 했지만, (매우 효과적인 인공지능 덕분에) 데이터에 더욱 쉽게 접근할 수 있었다. 그 덕에 타기팅의 수준이 높아지고 책임의식accountability이 강화됐다. 마케터들은 또한 소셜 미디어, 검색 엔진, 디지털 디스플레이, 게이밍 플랫폼 등에서 많은 선택권을 가지고 고객을 끌어모았다.

그렇다고 전통적 마케팅에서 디지털 마케팅으로 완전한 전환이 이루어진 건 아니다. 적어도 지금까지는 그렇다. 인터넷이 주요한 소통 수단이고 몇 년간 팬데믹을 거쳤음에도, 고객 대부분은 여전히 인간적인 접촉에 마음을 사로잡힌다. 미국 상무부에 따르면, 2022년 미국 기준 전자상거래 비중은 전체 소매 판매 중 약 15%에 불과했다. 글로벌 시장 조사 업체 유로모니터Euromonitor는 중국에서 전자상거래 보급률이 매우 확대됐지만(그리고 세계에서 가장 높지만), 여전히 30% 아래에 머무른다고 평가했다.

기업들은 전통적 마케팅에서 디지털 마케팅으로 단번에 옮겨 가지 못한다. 그래서 기업들은 전통적 채널과 디지털 채널을 모두 활용하는 방안을 모색했다. 미국의 IT 연구 및 자문 업체인 가트너Gartner가 2022년 북미와 유럽에서 실시한 최고마케팅책임자Chief Marketing Officer, CMO 설문조사에서는 마케팅 예산의 56%가 디지털 채널에 지출됐고, 나머지가 여전히 오프라인 채널에 할당된 것으로 드러났다.

최근 들어 가장 유행하는 마케팅 개념으로 멀티채널과 옴니채널을 들 수 있는데, 최적의 고객 경험을 제공하는 데 매우 중요하다. 기업들이 온라인과 오프라인 양쪽에서 대상 고객과 교류하기 때문이다. 또한《필립 코틀러의 마켓 4.0》과《필립 코틀러 마켓 5.0》에서 설명한 바와 같이, 이 두 개념은 전통적 마케팅과 디지털 마케팅의 융합이라는 지금의 트렌드를 반영한다.

멀티채널 마케팅은 기업이 다수의 채널을 활용해 제품이나 서비스를 홍보하는 전략으로, 전통 미디어와 디지털 미디어가 섞인 형태도 있다. 이 마케팅 전략의 목표는 브랜드가 눈에 더 잘 띄게 하고 더 많은 대중에게 도달하는 것이다. 다만 각각의 매체는 대체로 저마다의 전송 메시지와 목표를 가지고 독립적으로 운영된다. 여기에는 고객 여정이 전통 미디어와 디지털 미디어에 따라 분리된다는 전제가 깔려 있다. 기업들은 서로 다른 두 가지 고객 경험을 가지고 고객과 소통해야만 한다.

예를 들어, 음료회사는 기성세대와 청년층을 표적으로 삼아 멀티채널 마케팅을 구사할 수 있다. 그럴 때 노년층을 대상으로 해서는 낮 동안 TV 광고를 내보내고 저녁 프로그램에서는 건강상의 이점에 초점을 맞춘 메시지를 전달할 것이다. 그에 비해 청년층을 대상으로 할 때는 인스타그램을 통해 최근 유행하는 맛과 편의성에 관한 메시지를 전달할 것이다.

최근 들어 마케터들은 오늘날의 고객들이 주로 하나의 마케팅 퍼널marketing funnel('퍼널'은 깔때기를 뜻하며, 잠재 소비자가 고객으로 전환되는 과정을 시각화한 것-옮긴이)에서 온라인과 오프라인을 통해 기업과 소통한다는 점을 파악했다. 더군다나 온라인과 오프라인 채널이 서로 기능을 보완할 때가 있다. 이를테면, 자동차 부문에서 온라인 채널은 탐색과 제품 발견에는 도움이 되지만 제품 평가와 구매에는 별로 효과가 없다. 그래서 옴니채널 마케팅이 부상하는 것이다.

옴니채널 마케팅은 기업이 모든 채널에서 매끄러운 고객 경험을 창출하는, 한층 더 통합된 마케팅 관리 방법이다. 고객들은 물리적 점포와 소셜 미디어, 웹사이트 또는 모바일 앱 등의 채널을 통해 브랜드와 상호작용할 수 있다. 각각의 채널은 구매에 이르는 전 경로에 걸쳐 저마다의 기능을 하며 고객을 유도한다.

웹루밍webrooming(온라인에서 상품 정보를 습득한 후 오프라인에서 직접 체험하고 구매하는 소비 행태-옮긴이)과 쇼루밍showrooming(오프라인에서 정보를 습득한 후 온라인에서 저렴하게 구매하는 소비 행태-옮긴이)을 비교해보자. 웹루밍을 하는 고객은 온라인에서 제품을 탐색한 후 오프라인 매장에서 제품을 구매한다. 예를 들어 스마트폰이나 노트북을 구매한다고 해보자. 고객은 먼저 온라인에서 정보를 얻은 후 오프라인 매장을 방문해 직접 제품을 평가하고 최종 결정을 내린다. 이 경우에는 온라인 미디어가 마케팅 퍼널의 최상단에서 중요한 기능을 하며, 오프라인 채널은 퍼널의 맨 아래에 자리한다.

그런데 고객이 쇼루밍을 할 때는 전통 미디어와 디지털 미디어의 역할이 뒤바뀐다. 패션 유통을 예로 들면, 고객은 대개 물리적 매장을 방문해 옷을 입어보고 잘 맞는지 확인한 후 온라인에서 가격이 저렴하고 딱 알맞은 색상의 옷을 구매한다. 이 사례의 미디어 믹스media mix에서는 전통 미디어가 마케팅 퍼널의 맨 위에 있고 디지털 미디어는 맨 아래에 자리한다.

마케터들은 옴니채널 마케팅을 멀티채널 접근법이 한 단계 발전한 것으로 여긴다. 고객이 브랜드와 어떻게 상호작용하든지 간에 기업은 옴니채널 마케팅으로 매끄러운 고객 여정을 만들어낸다. 구매 경로에서 각각의 채널이 어떤 기능을 수행하는지에 대한 이해를 바탕으로 모든 채널에 걸쳐 지속적인 메시지와 경험을 제공하는 것이다. 이를 통해 기업은 마케팅 활동 전반과 고객 충성도를 개선할 수 있다.

마케팅이 진화를 거듭함에 따라 옴니채널 마케팅을 넘어 메타마케팅이라는 새로운 마케팅 관리 방법이 등장했다. 메타마케팅은 옴니채널 마케팅에서 한 단계 더 진화한 방식으로, 쌍방향의 몰입형 접근 방법을 통해 고객 경험을 제공하는 전략이다. 멀티채널 및 옴니채널 마케팅과 마찬가지로, 메타마케팅은 물리적 고객 경험과 디지털 고객 경험을 하나로 모으는 방식이다. 멀티채널 마케팅이 고객의 취향을 기준으로 온·오프라인 채널을 제공하는 방식이고 옴니채널 마케팅이 매끄러운 경험을 전달하기 위해 물리적·디지털 접점을 통합하는 방식이라면, 메타마케팅은 완전히 몰입할 수 있는 고객 여정을 창출해내는 전략이다. 물리적 공간에서 디지털 경험을 전달하거나 가상의 환경에서 현실의 경험을 전달하는 활동도 메타마케팅의 한 부분이다(물리적 영역과 디지털 영역의 궁극적인 융합을 실현하는 것이다). 메타마케팅은 비교적 생소한 개념이지만, 시

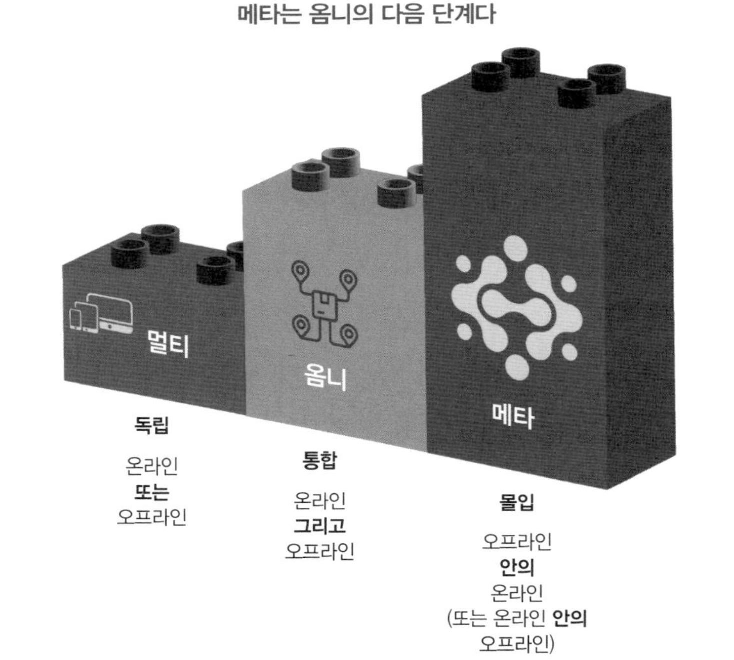

**메타는 옴니의 다음 단계다**

| 멀티 | 옴니 | 메타 |
|---|---|---|
| **독립** | **통합** | **몰입** |
| 온라인 **또는** 오프라인 | 온라인 **그리고** 오프라인 | 오프라인 **안의** 온라인 (또는 온라인 **안의** 오프라인) |

[그림 1.2] 전통 마케팅과 디지털 마케팅의 융합

대를 앞서가고자 하는 기업들을 위해 엄청난 잠재력을 발휘한다.

## 마켓 6.0의 구성 요소

마켓 6.0 또는 메타마케팅은 기업들이 물리적 미디어와 디지털 미디어를 통해 몰입감 넘치는 경험을 전달하는 다양한 유형의 전략과 전술을 아우른다. 이를 달성하기 위해 마켓 6.0은 세 단계의 층을 이루는 여러 핵심 구성 요소를 기반으로 한다(그림 1.3 참고). 마켓 6.0의 토대를 이루는 첫 번째 층은 물리적 경험과 디지털 경험이 통합하는 기술적 요인technological enabler으로 구성된다. 이 기술들을 기반으로 하는 두 번째 층은 확장현실과 메타버스라는 두 가지 환경으로 구성된다. 확장현실이 디지털 방식으로 증강된 물리

**마켓 6.0의 세 단계 층**

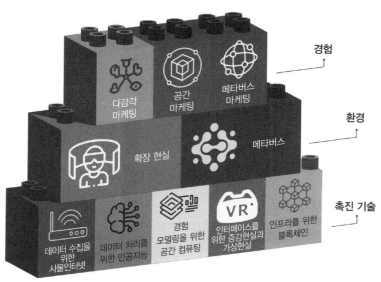

[그림 1.3] 마켓 6.0의 구성 요소

적 공간을 의미하고, 메타버스는 현실 세계와 매우 비슷한 경험을 제공하는 가상의 세계를 의미한다. 마지막으로, 맨 위의 세 번째 층은 (다섯 가지 감각이 다 포함된) 다감각 참여, 공간적(3D) 디지털 경험, 메타버스(가상의 세계)에서의 마케팅으로 특징지어지는 고객 대면 경험으로 이루어진다.

## 촉진 기술의 층

마켓 6.0은 업종을 막론하고 갈수록 많은 기업이 채택하는 다섯 가지 첨단 기술을 기반으로 한다(5장에서 자세히 다룬다).

- **사물인터넷** The Internet of Things, IoT

  사물인터넷은 서로 연결된 센서들을 통해 물리적 환경에서 실시간 데이터를 수집하여 마케터를 위해 가치 있는 디지털 정보로 전환한다. 예를 들어, 소매점에서 사물인터넷 기술을 활용하여 고객의 움직임을 감지할 수 있다. 이 정보를 기반으로 소매 업체는 매장의 특정한 통로를 지나가는 고객들에게 인앱 프로모션 정보를 즉각 전달할 수 있다. 사물인터넷을 활용하는 기업들은 이처럼 적절한 때에 위치 기반의 고객 인게이지먼트customer engagement(고객 참여를 뜻하며, 기업이 고객과 의미 있는 관계를 맺고 유지하기 위한 모든 활동을 의미한다-옮긴이)를 이용해 마케팅 전략의 효과를 높일 수 있다.

## ● 인공지능

인공지능은 인간의 인지 능력을 모방하는 컴퓨터의 기능을 뜻한다. 이 기술은 마케터가 개인화된 일대일 마케팅 전략을 구사하도록 지원한다. 인공지능의 주목할 만한 장점은 사물 인터넷 소스에서 끊임없이 데이터를 포착하여 고객의 선호와 행동을 실시간으로 파악할 수 있다는 점이다. 그에 따라 마케터는 각 개인의 필요에 맞춰 가장 적합한 제품이나 콘텐츠를 즉각 제공할 수 있다.

## ● 공간 컴퓨팅Spatial Computing

공간 컴퓨팅은 물리적 공간에서 상호작용을 지원하고 디지털화하는 일련의 기술을 말한다. 소매점 앱의 예로 스마트 피팅룸smart fitting room을 들 수 있다. 스마트 피팅룸은 고객이 들고 오는 의상을 즉시 식별하여 가상의 착용 경험을 제공할 뿐 아니라 고객에게 맞는 스타일도 추천해준다. 이런 방식으로 고객과 상호작용하며 몰입감을 제공함으로써 쇼핑 경험을 강화한다. 공간 컴퓨팅은 이처럼 디지털 경험과 물리적 경험에 독특한 융합이 일어나도록 중심축의 기능을 한다.

- **증강현실과 가상현실**

  증강현실과 가상현실 기술은 디지털 콘텐츠를 다루는 방식
  에 혁명을 불러일으켰다. 증강현실을 이용하는 고객은 가상
  으로 제품을 탐색하고, 그 제품이 실제 환경에서 어떤 모습
  으로 어떻게 기능하는지 시각화할 수 있어 쌍방향으로 몰입
  도 높은 경험을 누린다. 쉬운 예로, 고객은 가상으로 신발을
  신어보고 자기에게 잘 어울리는지 어떤지 확인할 수 있다.
  한편 가상현실은 실습 시뮬레이션 시나리오로 고객서비스
  담당자 교육을 진행하는 등 실제 교육 목적으로 활용되기도
  한다.

- **블록체인**

  블록체인blockchain은 탈중앙화된 인터넷decentralized internet의
  토대가 되는 획기적 기술이다. 콘텐츠 제작자들은 이 기술
  을 활용해 제작한 자기 콘텐츠의 소유권을 가지며, 중앙화
  된centralized 소셜 미디어에 대한 의존성에서 벗어날 수 있
  다. 커뮤니티 중심의 메타버스도 블록체인을 기반으로 한다.
  이 공간에서는 사용자들의 커뮤니티가 콘텐츠와 거버넌스
  governance(지배구조)를 소유한다. 블록체인 기반의 메타버스에
  서는 자체 화폐와 상업 시스템을 갖춘 투명한 경제체제를 만

들어 가상의 재화를 끊김 없이seamless 거래할 수 있다.

## 환경의 층

마켓 6.0의 핵심축은 물리적 영역뿐만 아니라 디지털 영역에도 몰입형 환경을 구축하는 일이다. 물리적 공간이 고객 경험을 전달하는 주요한 수단으로 유지될 것이기에 기업들은 디지털 경험을 더해 공간을 재구상함으로써 미래의 적합성을 보장해야 한다. 우리는 이처럼 디지털화로 증강된 물리적 공간을 '확장현실'이라고 부르며, 증강현실을 가능하게 하는 확장현실 기술의 효과를 인정한다.

디지털 기술은 물리적 공간에 새로운 수준의 몰입을 불러일으키며, 기업들이 거래를 간소화하고 마치 전자상거래 사이트처럼 신속하고 끊김 없이 결제할 수 있게 해준다. 게다가 이 기술들은 대화형 디스플레이interactive display를 통해 개인화된 경험을 강화한다. 마케터들은 맞춤형 추천 목록을 보여주는 멀티플 스크린과 대화형 터치스크린 기능으로 고객의 관심을 사로잡을 수 있다.

디지털 기술 덕분에 고객이 새로운 방식으로 제품을 발견할 수 있을 뿐 아니라 매장 내 검색이 매력적인 경험으로 바뀐다. 인스토어 모드in-store mode를 갖춘 모바일 앱을 사용하는 방법도 있다. 고객은 해당 앱으로 각 제품에 붙어 있는 QR 코드를 스캔하고, 제품에 관한 종합 정보와 세부 사항을 확인하기도 한다. 이와 같은 디지털 강화<sub>digital enhancement</sub>에 대해서는 6장에서 자세히 살펴본다.

마켓 6.0에서 우리는 메타버스도 철저히 파헤칠 것이다. 메타버스는 현실 세계와 매우 닮은, 완전히 기능적인 가상의 세계를 의미한다. 아바타<sub>avatar</sub>는 개인을 표현하는 캐릭터이며, 이 가상 환경 안에서 가상 자산은 물리적 객체와 유사하다. 메타버스는 최신 소셜 미디어의 형태로 여겨지며, Z세대와 알파세대의 관심과 참여를 끌어내고 있다.

메타버스를 탈중앙화 방식과 중앙화 방식이라는 두 유형으로 분류하기도 한다. 탈중앙화된 방식의 메타버스는 블록체인 기술로 연결된 사용자 커뮤니티의 거버넌스 아래 작동한다. 반면 중앙화된 메타버스는 하나의 주체가 지배한다. 특히 탈중앙화된 메타버스를 둘러싸고 의심과 회의가 계속 존재하지만, 기업들이 몰입형 고객 경험을 제공하는 방식에 변화가 생길 가능성을 낮게 평가해서는 안 된다.

## 경험의 층

8장부터 10장에서 자세히 다루겠지만, 마켓 6.0의 시대에 마케터들은 세 가지 유형의 경험을 제공할 수 있다. 첫 번째는 다감각 마케팅 경험이다. 다감각 마케팅으로 고객의 오감을 사로잡아 긍정적 정서를 불러일으키고 행동에 강력한 영향을 미칠 수 있다. 스타벅스Starbucks 같은 기업들은 눈에 확 들어오는 매장, 음악 플레이 리스트, 시그니처 커피의 맛과 향, 안락한 의자와 컵을 동원해 수년 동안 이 접근 방법을 활용해왔다.

그런데 디지털 미디어가 출현하면서 다감각 마케팅은 대체로 가장 지배적인 두 감각인 시각과 청각에 한정됐다. 후각과 촉각 역시 다감각 기반의 확장현실 기술에 포함되기도 하지만, 아직 주요한 자극으로 활용되고 있진 않다.

그래서 마켓 6.0에서는 디지털 경험과 다감각 경험을 혼합하는 일이 대단히 중요하다. 고객이 장시간 디지털 기기와 상호작용하고 일상에서 방대한 콘텐츠를 받아들이느라 디지털 피로digital fatigue에 시달리기에 더더욱 그렇다. 물리적 경험과 디지털 경험을 조합하면, 단 하나의 매체로 가능한 수준을 넘어 더 기억에 남고 매력적인 고객 경험을 창출할 수 있다.

두 번째는 공간 마케팅spatial marketing 경험이다. 공간 마케팅으로 물리적 객체와 인간 행동이 끊김 없이 융합되어 기업들이 고객과 상호작용하는 방식에 혁명 같은 변화가 일어나고 있다. 기술과 디자인을 지렛대로 삼는 기업들은 고객을 위해 몰입도 높은 경험을 창출할 수 있다. 매장을 걸어갈 때 비디오 광고가 나오는 소매점이나 시간의 흐름에 따라 조명과 분위기가 바뀌는 식당을 상상해보자. 이처럼 기업들은 공간 마케팅을 이용해 기기를 자동화하여 인간의 행동을 동기화하고 개인화된 경험을 제공함으로써 고객에게 깊은 인상을 남긴다. 아마존Amazon의 무인 매장 체인인 아마존고 Amazon Go에도 첨단 기술이 적용됐다. 아마존고의 매장을 방문한 고객은 원하는 제품을 집어 들고 계산대로 가거나 계산원과 대화하지 않아도 된다. 고객이 매장을 나갈 때 고객의 아마존 계정에 자동으로 물건값이 청구되는 시스템이기 때문이다. 이와 같은 마찰 없는 쇼핑 경험은 '저스트 워크 아웃Just Walk Out(그냥 걸어 나가기)' 기술로 불리며, 홀푸드마켓Whole Foods Market을 비롯한 아마존웹서비스Amazon Web Services, AWS의 고객사들에서 실현되고 있다.

세 번째는 가장 실험적인 유형으로, 메타버스 마케팅으로 구현되는 고객 경험이다. 메타버스에서의 마케팅이라는 개념은 메타버스가 출현한 후 2021년에 생겨났기에 아직 생소할 것이다. 메타버스는 주로 게임이나 엔터테인먼트 플랫폼에 존재하며, 수많은 브랜드가 미디어 전략 전반에 걸쳐 인게임in-game 광고를 제공하기에 이르렀다. 나이키Nike · 코카콜라Coca-Cola · 삼성 등 글로벌 브랜드들은 일찌감치 이 신기술을 받아들였고, 현재 각사에서 구축한 메타버스에서 디지털 수집품digital collectibles을 제공하며 고객의 참여를 유도하고 있다.

메타버스 안에서 마케팅을 한다는 개념을 대부분의 구세대는 쉽게 받아들이지 못할 것이다. 하지만 전통적 영역과 디지털 영역의 경계가 허물어지는 시대에 태어나고 자란 Z세대와 알파세대는 메타버스를 제2의 자연으로 느낀다. 이들은 디지털 네이티브로, 디지털 매체를 통한 상호작용과 몰입형 멀티스크린 환경에 익숙하다. 알파세대는 가상 비서virtual assistant, 개인화된 소셜 피드, 가상 세계 구축 게임이 유행하는 시대에 자란 덕에 인공지능 네이티브AI native 또는 메타버스 네이티브metaverse native라고도 불릴 만하다.

## SUMMARY

마케팅은 전 세계가 맞닥뜨린 중대한 문제를 비롯해 변화하는 고객의 기대를 충족하는 방향으로 진화를 거듭해왔다. 기업들은 고객 인게이지먼트를 위한 신기술을 지속가능성의 테마에 맞춰 활용해야만 시장 적합성을 유지할 수 있다.

실제로 마케팅은 전통적 마케팅에서 디지털 마케팅으로 변화했으나 고객 대부분은 여전히 이런저런 유형의 인간적 상호작용을 가치 있게 생각한다. 그 결과 전통적 인게이지먼트와 디지털 인게이지먼트를 모두 지렛대로 활용하려는 마케터들 사이에서 멀티채널 마케팅과 옴니채널 마케팅이 유행하게 됐다.

메타마케팅은 상호작용성과 몰입도가 높은 고객 경험을 제공하여, 물리적 공간과 디지털 공간의 진정한 융합을 실현하는 수준을 넘어선다. Z세대와 알파세대를 브랜드 활동에 참여시키는 일에서 메타마케팅의 비중이 점점 더 중요해지고 있으므로 기업들은 이 전략을 수용해나갈 필요가 있다.

**생각해볼 질문들**

- 당신은 옴니채널 마케팅에서 메타마케팅으로 이동할 준비가 됐는가? 상호작용성과 몰입도가 높은 경험을 창출해나가고자 할 때 장애가 될 만한 문제를 찾아보라.
- 당신 주변의 Z세대와 알파세대. 그들이 일상에서 사용하는 기술을 관찰해보라. 왜 그들이 가상의 세계에서 그토록 오랜 시간을 보내는지도 생각해보라. 그런 다음, 앞으로 수십 년 동안 당신의 주요한 시장으로서 그들과 관계를 맺을 최선의 방법을 고민해보라.

2장

# 피지털 네이티브의 출현

애늙은이가 된 아이들

지난 10년간 마케터들은 집단의 규모가 크고 구매력이 높다는 이유에서 Y세대 또는 밀레니얼세대를 표적 고객으로 선호했다. 그에 따라 지속가능성에 대한 강한 관심과 기술 친화성 등 Y세대의 주요한 특성에 맞춰 전략을 조정했다.

현대 마케터들은 환경친화적 제품이나 사회적 책임 활동을 강조하는 캠페인에 중점을 뒀다. 대표적인 예로 파타고니아Patagonia와 에버레인Everlane을 들 수 있다. 이 브랜드들은 재활용 및 지속가능한 소재를 강조하는 한편, 최신 유행에 매우 민감한 패션 업종과는 상반되는 모습을 보이면서 밀레니얼세대의 사고방식에 맞춰 변화를 도모했다.

마케터들은 또한 소셜 미디어 마케팅과 검색 엔진 마케팅 등의 전술을 활용해 Y세대에게 다가갔다. 과거부터 오프라인 경험에 막대한 투자를 해온 LVMH와 케링Kering 등의 명품 기업들도 마케팅 예산의 절반을 디지털 미디어를 운영하는 데 할애했다. 이 브랜드들은 디지털 마케팅으로의 전환을 이룸으로써 밀레니얼세대 고객을 확대할 수 있었다.

이렇게 밀레니얼세대의 영향력이 확대되는 현상에 부합하도록 지속가능성과 디지털 전환, 사회적 문제 해결에 관심을 불러일으키는 방향으로 마케팅 전략도 변화를 거듭했다. 그런데 여기서 끝이 아니다. 마케터들은 더 젊은 세대인 Z세대·알파세대와도 관계를 맺고자 노력을 기울이고 있다.

## 피지털 네이티브를 수용하라

오늘날 마케터들은 주류 인터넷과 함께 성장한 진정한 디지털 네이티브인 Z세대와 알파세대에 갈수록 더 관심을 집중하고 있다. 1990년대 중반에서 2010년대 초반에 태어난 Z세대는 디지털 시대에 성장해 첨단 기술에 매우 능숙하다. 그다음으로 2010년 이후 태어난 알파세대는 최신 기술에 능숙한 밀레니얼세대 부모 밑에서 자랐기에 디지털 기술을 매우 잘 다룰 것으로 기대된다. 두 세대의 인구는 전 세계적으로 40억 명이 넘으며, 다양한 브랜드의 핵심 시장을 형성하고 있다.

Y세대는 디지털 친화성이라는 측면에서 Z세대·알파세대와 비슷한 성향을 보이지만, 몇 가지 차이점도 있다. 청소년기에 인터넷을 접한 Y세대는 대개 인터넷을 단순히 도구로 바라본다. 반면 태

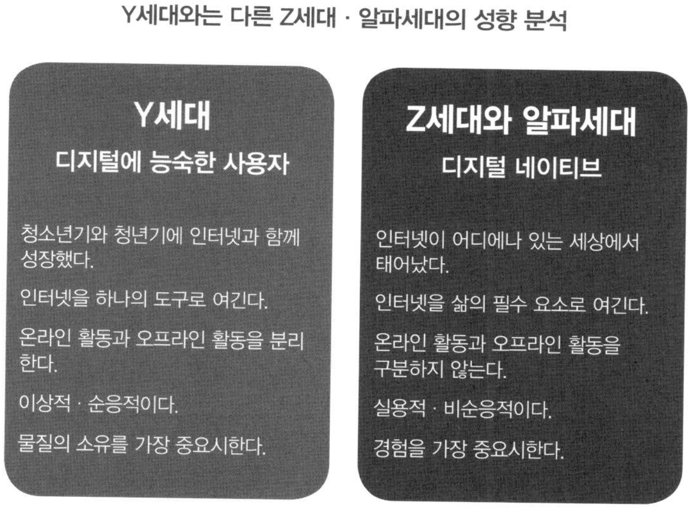

## Y세대와는 다른 Z세대 · 알파세대의 성향 분석

**Y세대**
**디지털에 능숙한 사용자**

청소년기와 청년기에 인터넷과 함께 성장했다.

인터넷을 하나의 도구로 여긴다.

온라인 활동과 오프라인 활동을 분리한다.

이상적 · 순응적이다.

물질의 소유를 가장 중요시한다.

**Z세대와 알파세대**
**디지털 네이티브**

인터넷이 어디에나 있는 세상에서 태어났다.

인터넷을 삶의 필수 요소로 여긴다.

온라인 활동과 오프라인 활동을 구분하지 않는다.

실용적 · 비순응적이다.

경험을 가장 중요시한다.

[그림 2.1] 세대 차이

어나면서부터 인터넷과 함께한 Z세대와 알파세대는 인터넷을 일상생활의 필수 요소로 여긴다. 이들은 사회적 상황에서도 여러 개의 스크린을 통해 끊임없이 연결되며, 그 결과 이 젊은 집단은 디지털 환경에서 매우 높은 수준의 몰입도를 보인다. 그러므로 마케터들은 이들과 관계 맺는 방식을 다시 생각해야 한다.

살아오는 내내 디지털 자극에 몰입하고 자신을 표적으로 하는 대량 메시지를 접한 탓에 Z세대와 알파세대는 선택적 집중도를 보인다. 즉, 개인화된 콘텐츠를 선호하고 관련 없는 메시지는 무시하는 경향을 나타낸다. 또한 긴 광고는 건너뛰며 숏폼 콘텐츠와 밈meme(인터넷에서 유행어, 행동, 생각, 스타일 따위가 모방 형태로 전파되는 것-옮긴이), 이모지emoji를 활발히 사용한다. 그러면서도 넷플릭스Netflix에 흠뻑 빠져 시간을 보내고, 친구들과 즐기는 온라인 게임에 깊이 몰입한다. 이는 콘텐츠가 매우 흥미롭고 개인의 관심사에 맞춰져 있으면 주의 지속 시간을 유지하는 데 전혀 문제가 없음을 시사한다.

틱톡이 유행한 현상이 전형적인 예다. Z세대 사이에서 숏폼 포맷과 완성도 높은 개인화 알고리즘이 인기를 끌면서 인스타그램과 유튜브가 각각 릴스Reels와 쇼츠Shorts라는 숏폼 플랫폼으로 틱톡 따라잡기에 나섰다. 이 새로운 플랫폼은 두 세대의 선택적 집중도를 충족함으로써 이들이 소셜 미디어에서 숏폼 콘텐츠를 끝없이 스크롤하게 했다. 또한 Z세대가 검색 엔진으로 필요한 정보를 찾는 전통적 브라우징browsing(정보 검색용 소프트웨어인 브라우저를 이용해 인터넷에서 필요한 정보를 찾아내는 일-옮긴이)보다 유튜브와 인스타그램, 틱톡 등의 플랫폼을 더 선호하면서 짧은 시각적 콘텐츠에 대한 이들의 선호가 인터넷 검색 행위로도 확장됐다.

초개인화hyper-personalized 콘텐츠에 대한 강한 선호는 Z세대와 알파세대가 '인공지능 네이티브'라는 사실을 의미한다고 할 수 있다. 이들이 꼭 다른 세대보다 인공지능을 더 잘 이해한다고 할 수는 없지만, 이들은 보다 맥락화되고 개인화된 경험을 누리는 대가로 자신의 데이터를 공유하는 것의 가치를 확인하며 성장했다.

더군다나 이들은 애플Apple의 시리Siri나 아마존의 알렉사Alexa 같은 인공지능 기반의 음성 비서와 거리낌 없이 상호작용하며 더욱 편리한 삶을 영유한다. 학생들과 전문직 종사자들은 챗GPT를 비롯해 그와 유사한 언어 모델을 학업과 업무에 적극적으로 활용하기 시작했다. 일각에서는 간단한 문의와 불만을 처리하는 데 인간 고객서비스 담당자보다 챗봇을 더 선호한다.

Z세대와 알파세대는 또한 '메타버스 네이티브'다. 이들이 온라인 게임을 즐기는 모습은 이들이 몰입형 디지털 환경 및 가상의 커뮤니티에 익숙하다는 점을 시사한다. 게임은 Z세대와 알파세대 사이에서 인기가 있는데 몰입도가 높은 디지털 콘텐츠, 친구들과의 경쟁, 게임 환경에서 유대 관계가 끈끈한 온라인 커뮤니티가 이들의 마음을 사로잡기 때문이다.

한편, Y세대가 서로 모여서 게임을 즐기는 모습과 달리 Z세대와 알파세대는 가상의 게이밍 환경에서 원격으로 연결되는 경향이 있다. 이 젊은 세대는 대부분 자신의 아바타를 강화하고 게임 경험을 개선하고자 인게임 아이템을 구매한다. 더욱이 이들은 증강현실과 가상현실 기술 기반의 사용자 인터페이스와 능숙하게 상호작용한다.

하지만 젊은 세대와 교류한다는 것이 꼭 온라인 경험에만 초점을 맞춰야 한다는 의미는 아니다. 사실, 최근 시행된 조사는 Z세대가 디지털 네이티브로 알려졌으나 여전히 물리적 매장에서 쇼핑을 즐긴다는 사실을 보여준다. 매킨지McKinsey가 25개 제품군에 대해 실시한 조사에 따르면, 미국에서 Z세대는 주로 온라인 구매를 했으나 물리적 매장에서 물건을 구매하는 비중이 Y세대보다는 더 컸다. 세계 최대 건강·미용 소매 업체인 A.S.왓슨A.S.Watson의 조사에서도 Z세대가 주로 오프라인 매장의 사회적 상호작용과 경험적 측면에 이끌려 오프라인에서 미용 제품을 구매할 때가 많다는 사실이 드러났다. 더욱이 Z세대는 몰입감 넘치고 끊김 없는 쇼핑 경험을 얻고자 첨단 기술이 접목된 오프라인 매장과 온·오프라인 통합 앱을 찾는다.

이렇게 역설적으로 보이는 통찰이 도출되는 이유는 단순하다. 디지털 네이티브인 Z세대와 알파세대는 일상생활에서 물리적 세계와 디지털 세계 사이의 경계를 전혀 구분하지 않는다. 이를테면, 이들은 스마트폰에서 가격을 확인하면서 매장에서 물품을 구매하기도 한다. 즉 오프라인에서 온라인으로 끊김 없이 이동한다. 또한 직접 만나서 대화를 시작하고 메시징 앱에서 토론을 이어가는가 하면, 소셜 미디어에서 자신의 경험담을 나누거나 콘서트를 관람하기도 한다. 이를 피지컬(물리적) 현상과 디지털 현상이 혼합된

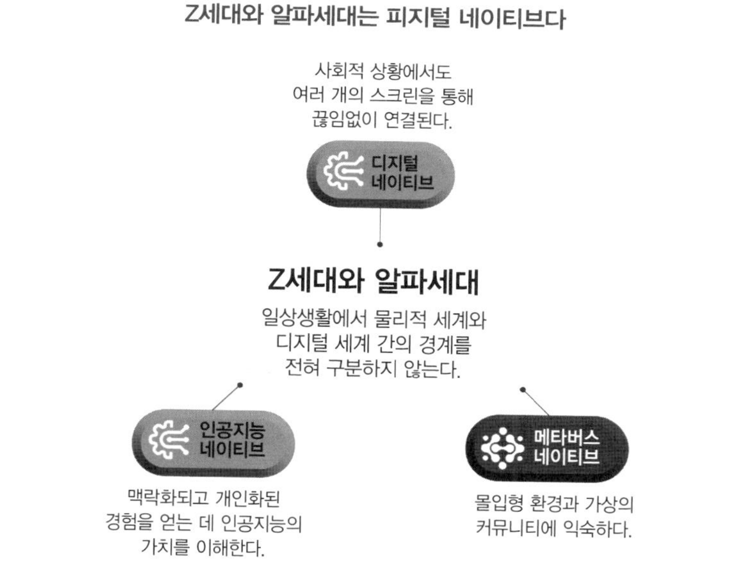

Z세대와 알파세대는 피지털 네이티브다
사회적 상황에서도
여러 개의 스크린을 통해
끊임없이 연결된다.
디지털
네이티브
Z세대와 알파세대
일상생활에서 물리적 세계와
디지털 세계 간의 경계를
전혀 구분하지 않는다.
인공지능
네이티브
맥락화되고 개인화된
경험을 얻는 데 인공지능의
가치를 이해한다.
메타버스
네이티브
몰입형 환경과 가상의
커뮤니티에 익숙하다.

[그림 2.2] 피지털 네이티브

'피지털phygital'이라고 부른다.

Z세대와 알파세대는 젊은 층이지만, 고급 마케팅 관리 방법이 요구되는 수준 높은 고객층에 해당한다. 이들은 온 · 오프라인에서 쌍방향의 몰입형 고객 경험을 진지하게 받아들이며, 이 세대를 피지털 네이티브phygital native라고 부른다. 마케터들은 물리적 접점과 차세대 디지털 기술을 모두 채택해 두 세대를 효과적으로 상대해야 한다.

# 애늙은이가 된 피지털 네이티브

나이 어린 집단이 높은 수준의 기술을 사용하면서 일찍 성숙해지는 현상이 일어나기도 한다. 실제로 최근 들어 어린 세대가 흔히 더 나이 든 세대에게 어울리는 것으로 여겨지는 행동과 선호를 보이는 '애늙은이Kids Getting Older Younger, KGOY' 현상이 점점 더 뚜렷해지고 있다.

청소년들이 이전 세대에 비해 이른 나이에 옷을 갖춰입고 화장을 하고 어른스러운 대화를 나누고 이성을 사귀는 현상이 대표적인 예다. 아주 어린 아이들도 스마트폰이나 태블릿 등의 IT 기기를 사용하면서 이전 세대보다 훨씬 이른 나이에 미디어 플랫폼을 넘나들며 성인용 콘텐츠를 소비하기 시작한다. 요컨대 애늙은이 현상은 성인 세대의 겉모습과 구매 행위를 모방하는 차원을 넘어선다.

사람은 흔히 인생의 4단계(기본, 중심, 양육, 최종)를 거쳐 성장해나간다. 각각의 인생 단계는 20년 정도 지속된다.

- 기본 단계: 교육과 사회적 관계를 통해서 지식과 기술을 배우고 정체성을 형성한다.
- 중심 단계: 학습에서 일로 관심을 전환하고, 위험을 감수하고, 경력을 구축하고, 이성을 사귀는 한편 삶을 탐구한다.

- 양육 단계: 정착하고, 가정을 꾸리고, 다른 사람들을 보살피며, 사회에 기여한다.
- 최종 단계: 노후 생활에 적응하고, 건강과 사회적 관계를 관리하고, 의미 있는 활동에 매진하며, 젊은 세대에게 지혜를 전한다.

Z세대와 알파세대는 인생 단계가 빨리 진행되는 경험을 하고, 어린 나이에 성숙한 사고방식을 가진다. 이들은 위험을 감수하고 직접적 경험을 통해 학습하고자 하는 강한 의지를 보이며, 성장 과정에서 '기본'과 '중심' 단계를 효율적으로 거친다. 사회에 기여하고 일과 삶의 균형을 유지하려는 욕구는 보통 '양육' 단계에서 발생하지만, Z세대에게서는 20대 중반에 이미 나타난다.

애늙은이 현상이 강화되는 데에는 여러 가지 요인이 작용한다. 먼저 젊은 세대가 나이 든 세대보다 인터넷과 디지털 콘텐츠에 더 잘 접근한다는 점이다. 또한 패션, 음식과 음료, 가전제품, 미용 등의 브랜드들이 이들 세대를 집중적으로 공략한다는 점도 있다. 양육 방식 역시 두 세대의 행동에 큰 영향을 미친다. Z세대와 알파세대의 부모들, 즉 X세대와 Y세대는 집에서 아이들에게 성인다운 책임감을 지니도록 가르친다. 이 모든 요인이 젊은 세대의 사고와 정서를 빨리 성장시킨다.

## 피지털 네이티브의 특징

애늙은이 현상은 Z세대와 알파세대의 특징과 관련해 중요한 의미가 있다. 이 젊은 세대는 매우 실용적이며 의사결정을 내리기 전에 인터넷에서 정보를 철저히 검색한다. 이들은 신뢰성을 중시하며 자신이 추구하는 가치에 부합하는 브랜드에 매료된다. 또한 일찍부터 자아실현을 추구하고, 시간을 들여 온라인에서 자신의 디지털 페르소나digital persona를 구축한다. 마케터들은 Z세대와 알파세대의 이와 같은 심리학적 · 행동학적 특징을 제대로 파악해야 이들

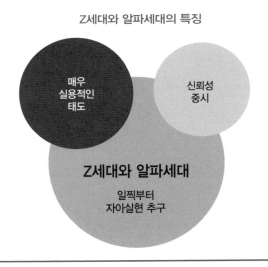

[그림 2.3] 피지털 네이티브의 특징

에게 자신의 브랜드를 각인할 수 있다.

## 실용적 태도와 의사결정

Z세대는 2007년부터 2009년에 이르는 세계적 경제 침체기에 성장하면서 부모를 비롯해 어른들이 경제적 어려움을 겪는 모습을 접했다. 그 결과 Y세대보다 금융에 대한 의식 수준이 높아져 개인 금융, 저축, 미래를 위한 투자에 관심이 많고 열심히 학습하고자 한다.

이런 신중한 태도는 직장 생활에서도 분명히 드러난다. Z세대 직원은 이상주의적인 Y세대 직원들보다 더 현실주의적 태도를 보인다. 요컨대, Z세대 직원들은 유독 다가오는 경기 침체와 광범위한 구조조정을 염려하면서 꿈을 좇거나 높은 급여를 받는 일보다 고용 안정성을 중요시하는 경향이 있다. 직장 평가 사이트인 글래스도어Glassdoor가 발표한 바에 따르면, 유행을 선도하는 스타트업에 이끌리는 밀레니얼세대와 달리 나이 어린 직원일수록 규모가 크고 안정된 회사를 선호한다.

그뿐만이 아니라 Z세대는 정보에 근거해 판단하고, 온라인과 오프라인의 자료를 바탕으로 제품과 서비스를 평가하는 일에 능숙하다. 그에 따라 합리적으로 소비하며 가치를 잘 이해한다. 다시 말해 브랜드의 명성만 따지지 않고 가격과 품질을 중요시한다. 가치 측면에서 Z세대는 감정적 호소보다는 기능적 편익에 더 비중을 둔다.

Y세대가 물질적 제품을 구매하는 데 지갑을 잘 여는 것과 달리 Z세대와 알파세대는 여행, 게임, 건강 증진 활동, 생방송 행사, 콘서트, 지역 사회 참여 등 체험하는 일에 더 많은 돈을 쓴다. 이 젊은 세대는 소유물에 집착하기보다는 자신에게 투자하는 경향이 강하고, 경험에서 배우고 성장하는 일에 더 역점을 둔다. 이와 같은 취향은 공유경제와 잘 맞아떨어지며, 그래서 우버Uber와 에어비앤비Airbnb처럼 직접 소유하지 않고도 이용할 수 있는 제품과 서비스를 즐긴다.

이와 같은 가치 지향에 따라 명성과 역사로 고객을 매료시키는 기성 헤리티지 브랜드heritage brands에 중요한 도전 과제가 주어진다. 젊은 세대는 브랜드 인지도에 사로잡히기보다는 자신의 필요를 충족하는 참신함과 새로운 경험을 찾을 가능성이 더 크다. 따라서 브랜드는 고객 경험을 혁신해 시장 적합성을 유지해야 한다.

마케터들은 젊은 세대를 위한 고객 경험을 창출할 때 이들의 실용적 성격을 고려해야 한다. 즉 현란한 기능과 불필요한 접점보다 편리함을 우선해야 하고, 몰입형 하이테크 상호작용high-tech interaction 역시 목적에 부합하고 실용적이어야 한다. 값비싼 기기와 추가적인 단계가 요구되는 메타버스 경험은 이 어린 소비자들의 공감을 얻지 못할 것이다.

## 신뢰성이 브랜드와의 관계를 만든다

젊은 세대의 실용적 성격은 이들이 브랜드와 맺는 관계에도 영향을 미친다. 동료 집단의 사회적 압력에 종종 굴복하는 순응적인 Y세대와 대조적으로, Z세대와 알파세대는 자신의 가치에 부합하는 브랜드에 이끌린다.

이를테면, Z세대와 알파세대는 환경에 대한 책임과 윤리적 실천을 다하는 브랜드를 지지할 가능성이 크다. 미국의 신발회사 탐스슈즈TOMS Shoes가 좋은 예다. 이 회사는 신발 한 켤레가 팔릴 때마다 한 켤레를 기부한다. 이들에게 소비는 지속가능성과 밀접하게 연결되어 있다.

미국 역사에서 인종적·민족적으로 가장 다양한 세대인 Z세대와 알파세대는 온라인과 오프라인에서 친구를 사귈 때 매우 포용적인 태도를 보인다. 이들은 주변 사람들, 즉 가족, 친구, 직장 동료, 커뮤니티 등과 조화를 이루고 시너지를 만들어내는 일을 즐긴다. 직장에서 Z세대는 대개 대립을 피하고, 대화를 선호하고, 관점의 차이를 수용한다.

이 세대는 또한 기업문화 면에서 다양성·형평성·포용성을 옹호하는 브랜드를 소중하게 생각한다. 이에 직장에서는 이 젊은 직원들을 끌어들이고 보유하기 위해 고용주가 이런 가치를 고수하는 일이 필수가 됐다. 좋은 예로 마이크로소프트Microsoft는 기술 업종에서 여성과 소수자의 대표성을 높이는 이니셔티브를 진행해왔다. 또한 존슨앤드존슨Johnson & Johnson과 P&G 등 유명 기업들도 다양성 · 형평성 · 포용성에 헌신하는 것으로 알려졌다.

젊은이들도 이를 현실화하길 기업에 요구한다. Z세대는 전통적인 광고에서 묘사하는 사실과 동떨어진 비현실성을 알아채고 거부하며, 오히려 불완전함을 포용하는 브랜드를 선호한다. 이런 선호는 예를 들면 미용 업종에서 확인되기도 하는데, 글로벌 마케팅 리서치 기업 칸타르Kantar가 발표한 바에 따르면 지출 대상이 겉치레용 화장품에서 스킨케어와 '생얼(맨얼굴) 관리'로 옮겨 갔다.

소셜 미디어 영역에서도 이런 트렌드가 뚜렷이 나타난다. Y세대가 야심적이고 전문적으로 만들어진 콘텐츠를 선호하는 반면, Z세대와 알파세대는 틱톡과 인스타그램 같은 플랫폼에서 흔히 접할 수 있는 가공되지 않고 여과되지 않은 콘텐츠에 더 공감하는 경향이 있다. 젊은 세대 집단은 실생활의 상황에서 각본 없는 순간들을 보고 싶어 한다. 이런 점을 고려할 때, 기업과 브랜드들이 신뢰성을 높이고자 한다면 사용자 제작 콘텐츠User-generated content, UGC에 관심을 기울여야 한다는 점을 알 수 있다.

## 자기표현과 디지털 페르소나

젊은 세대는 기업에 요구하는 것과 똑같은 수준으로 개인의 진정성을 갈망한다. 소셜 미디어에서 순응하라는 압력을 받긴 하지만, Z세대와 알파세대는 개성과 자기표현을 중시한다. 즉 이 세대는 현실 세계뿐만 아니라 디지털 영역에서도 다양성을 구현한다.

많은 젊은이가 스마트폰이나 컴퓨터, 게임 콘솔 등에서 날마다 몇 시간을 보내며 이를 통해 독특한 디지털 정체성을 형성한다. 틱톡과 인스타그램 등의 플랫폼에서는 사용자들이 프로필 사진과 게시글, 팔로우 계정을 통해 개성을 과시한다. 포트나이트와 마인크래프트 같은 게임에서는 돈을 들여 개인화된 아바타를 생성하고 이름을 지어주는 등 온라인 페르소나를 강화하는 사람들도 있다.

2020년 유행한 바이럴 소셜 미디어 밈인 '돌리 파튼 챌린지Dolly Parton Challenge'는 디지털 이미지를 구축하려는 사람들의 노력을 잘 보여준다. 이 챌린지는 링크드인LinkedIn, 페이스북, 인스타그램, 틴더Tinder에 각각 어울리는 사진을 네 개로 구분해 올리는 밈이다. 개인 이용자들뿐만 아니라 브랜드들도 이 챌린지에 참여하여 네 개의 소셜 미디어 플랫폼에 적합한 사진들을 올리면서 다양한 모습을 표현했다.

여러 관찰 자료는 Y세대가 각각의 소셜 미디어 채널에서 매우 다른 페르소나를 표현한다는 점을 암시하며, 저마다 다른 집단을 목표로 삼아 특정한 소셜 미디어 플랫폼을 이용하는 경향을 보여준다. 반면 Z세대는 일관되고 플랫폼에 덜 의존하는 모습을 연출하고자 한층 더 일률적인 이미지를 활용한다.

이들이 온라인 정체성을 일관되게 유지하려는 경향을 보이기에 소셜 미디어 플랫폼들이 기능을 확대하고 다목적의 공간이 되는 방향으로 변화하고 있다. 대표적 사례로 틱톡을 들 수 있다. 틱톡은 엔터테인먼트 중심의 플랫폼으로 서비스를 시작한 이후 라이브 스트리밍 커머스와 틱톡 레주메TikTok Resumes 기능을 통한 일자리 찾기 등으로 서비스를 확대했으며, Z세대가 구글 대신 선택하는 검색 엔진 역할을 톡톡히 하고 있다.

또한 젊은 세대는 틱톡, 인스타그램, 트위터Twitter와 같은 피드 기반의 소셜 플랫폼과 함께 레딧Reddit, 디스코드Discord, 트위치Twitch 등 커뮤니티 기반의 소셜 플랫폼을 점점 더 선호하고 있다. 이에 따라 커뮤니티 기반의 플랫폼들은 젊은 이용자들이 갈수록 관심을 가지는 익명성과 데이터 프라이버시를 강화하고 있다.

이 플랫폼들이 젊은 세대 사이에서 인기를 끄는 이유는 특화된 관심사와 하위문화subculture(주류문화에 대비되는 개념으로, 한 집단 내부에서 독자적인 특징과 정체성을 보여주는 문화-옮긴이)를 충족시키고, 한층 더 개인화된 온라인 경험을 제공하기 때문이다. 더 중요한 이유는 양방향 경험을 누릴 기회를 제공한다는 점인데, 이용자들이 커뮤니티에 활발히 참여하여 생각이 비슷한 사람들과 관계를 맺을 수 있다.

## SUMMARY

현대 마케터들은 밀레니얼세대의 선호를 중심으로 전략을 조정했으며, 지속가능성과 디지털 마케팅 전술에 초점을 맞췄다. 이제 마케터들은 자신들보다 더 젊은 세대이자 온라인과 오프라인에서 양방향의 몰입 경험을 즐기는 디지털 네이티브, 즉 Z세대와 알파세대에게 관심을 기울여야 한다.

Z세대와 알파세대는 애늙은이 소리를 들을 만큼 사고방식과 행동이 이전 세대보다 더 일찍 성숙해지고 있다. 이 젊은 세대는 매우 실용적이고, 신뢰성을 중시하며, 자기표현에 적극적이다. 마케터들은 이런 특성을 이해해야만 자사 브랜드를 그들에게 각인할 수 있다.

### 생각해볼 질문들

- 갈수록 더 피지털화되어가는 Z세대와 알파세대는 초개인화된 디지털 경험에 대한 수요가 높을 뿐 아니라 물리적 접점에 대한 욕구 또한 높다. 양자 사이의 균형을 어떻게 유지해야 할까?
- 어린 세대가 애늙은이가 되어가는 지금, 기업들은 어떻게 해야 브랜드 포지셔닝에 성공하고 브랜드의 가치를 효과적으로 전달할 수 있을까? 이 집단과 관계를 잘 형성하려면 어떻게 해야 할까?

3장

# 왜 몰입형
# 마케팅인가

메타마케팅으로 이어진
다섯 가지 마이크로트렌드

디지털 라이프 스타일은 Z세대와 알파세대의 삶에서 필수 요소이기에 기업들은 이 경향에 맞춰 시장 적합성을 유지해야 한다. 디지털 세상에서는 마케팅의 여러 요소와 관련해 근본적인 변화가 일어났다.

디지털 세상에서는 마케팅이 다섯 가지 필수 요소로 구성되는데, 첫 번째가 '콘텐츠'다. 콘텐츠는 디지털 미디어 전반에서 생성, 소비, 공유되는 정보를 의미한다. 콘텐츠는 또한 짧은 메시지, 보도자료, 기사, 뉴스레터, 백서, 사례 연구, 책 등의 형태를 띠기도 한다. 그뿐만이 아니라 이미지, 인포그래픽, 만화, 양방향 그래픽, 프레젠테이션 슬라이드, 게임, 비디오, 숏필름, 장편 영화 등 한층 더 시각적인 형태가 될 수도 있다.

두 번째 요소는 '소셜 미디어'로, 콘텐츠를 배포하고 증폭하는 주요한 채널이 됐다. 2022년 미국의 여론 조사 기관 모닝컨설트 Morning Consult가 조사한 바에 따르면 미국에서 Z세대의 98%가 소셜 미디어를 사용했으며, 하루에 3시간 이상 소셜 미디어에서 시간을 보낸 이들이 71%에 달했다. Z세대 사이에서 가장 유행하는 다섯 가지 소셜 미디어로는 유튜브, 인스타그램, 틱톡, 스냅챗, 페이스북이 꼽혔다.

소셜 미디어가 주로 커뮤니케이션 채널로 이용되는 데 비해 세 번째 구성 요소인 '전자상거래'는 판매 채널로 이용된다. 미국의 전자상거래 시장은 중국에 이어 세계에서 두 번째로 크다. 미국 인구조사국에 따르면, 2022년 전자상거래 매출 예상치가 1조 달러를 넘어섰는데, 이는 미국의 전체 매출 중 14.6%에 해당하는 규모다. 미국에서 주요한 전자상거래 기업으로는 온라인 마켓플레이스인 아마존, 온라인 경매 사이트인 이베이eBay, O2Ooffline-to-online 스토어인 월마트닷컴Walmart.com 등이 있다.

나머지 두 구성 요소는 디지털 세상에서 마케팅의 근본적인 촉진 요인이 된다. 네 번째 구성 요소인 '인공지능'은 무대 뒤에서 핵심적인 역할을 하며, 소셜 미디어에서 메시지가 표적 집단에 도달하게 한다. 즉, 인공지능은 사용자의 행동과 관심을 분석하여 특정한 사용자 세그먼트user segment에 개인화된 콘텐츠를 전달한다. 인공지능은 전자상거래 플랫폼에서도 마찬가지로 이면에서 작동하며, 사용자에게 적합한 제품을 추천한다.

다섯 번째 구성 요소는 '전자기기'로, 스마트폰이 가장 중요한 위치를 차지한다. 스마트폰을 비롯한 태블릿과 랩톱 등의 기기들을 통해 소셜 미디어의 콘텐츠 및 전자상거래 앱을 이용할 수 있다. 미국의 여론 조사 기관 퓨리서치센터Pew Research Center 는 미국인의 85%가 스마트폰을 보유하고 있으며, 태블릿은 약 절반이 보유 중인 것으로 추정했다. 이런 기기에서 다운로드할 수 있는 여러 가지 앱을 활용해 사용자들은 다양한 디지털 활동을 할 수 있다.

우리는 이 다섯 가지 구성 요소 전반에 걸쳐 미묘하고도 분명치

---

**몰입형 마케팅이 필연적으로 유행하는 이유**

숏폼 동영상 콘텐츠

양방향 전자상거래

마이크로트렌드

커뮤니티 기반의 소셜 미디어

언어 기반 인공지능

몰입형 웨어러블 기기

---

**[그림 3.1] 메타마케팅으로 이어진 다섯 가지 마이크로트렌드**

않은 여러 변화를 발견했다. 이 각각의 마이크로트렌드는 주류 마케팅이 양방향적인 몰입형 접근 방식으로 향하고 있다는 점을 시사한다.


## 숏폼 동영상 콘텐츠

일상에 모바일 기기가 널리 도입된 덕에 사람들이 미디어를 소비하는 방식에도 큰 변화가 일어났다. 사람들은 오래 계속되는 한 가지 온라인 활동보다는 짧은 순간에 끝나는 활동을 반복한다. 구글과 보스턴컨설팅그룹Boston Consulting Group은 이렇게 의사결정을 내리는 '찰나의 순간'에 '마이크로 모멘트micro-moment'라는 이름을 붙였다.

소비자들은 스마트폰을 꺼내 소셜 미디어의 콘텐츠를 짧게 짧게 소비한다. 이런 일은 지하철로 출퇴근을 하거나 상점에서 줄을 서서 기다리는 동안 일어난다. 브랜드는 이런 순간에 노출되어 잠재고객의 욕구를 충족할 만한 정보와 지원을 제공함으로써 마음을 사로잡아야 한다.

기회의 창이 좁다는 점을 고려할 때, 숏폼 콘텐츠는 마이크로 모멘트에 이상적이다. 게다가 짧은 콘텐츠는 Z세대와 알파세대의 선택적인 주의 집중 시간과 맞아떨어지며, 스마트폰으로 정보를 소비하는 빠르고 쉬운 수단이 된다. 브랜드와 콘텐츠 크리에이터들 역시 숏폼 콘텐츠를 신속히 제작하며 급변하는 트렌드에 발맞춘다. 이런 이유로 오늘날 우리는 소셜 미디어에서 숏폼 콘텐츠를 자주 접하게 된다.

숏폼 콘텐츠는 기사, 이미지, 인포그래픽 등 여러 포맷을 취하는데 가장 선호되는 형태는 동영상이다. 동영상 콘텐츠를 활용하면, 사람들의 관심을 재빨리 포착하고 복잡한 메시지를 효과적으로 전달할 수 있다. 더군다나 동영상 콘텐츠는 대중의 관심을 사로잡고 공유하기에 매우 좋은 수단이다. 틱톡, 인스타그램, 유튜브 등의 소셜 미디어에서 콘텐츠 제작 및 편집 툴을 활용하면 생각보다 훨씬 쉽고 빠르게 동영상을 제작할 수 있다.

숏폼 동영상의 효과를 극대화하려면 마이크로 모멘트의 순간을 구매 행동으로 연결해야 한다. 소비자들이 콘텐츠를 보면서 구매 의욕을 느낄 때 실제로 구매할 수 있어야 한다는 얘기다. 구매 가능한 콘텐츠에 링크나 태그를 걸어두면 소비자들이 소셜 미디어를 떠나지 않은 채 마음에 드는 제품이나 서비스를 구매하게 할 수 있다. 소비자들이 콘텐츠를 소비한 후 충동적으로 행동하게 할 수 있다는 점에서 숏폼 동영상은 찰나의 순간에 일으켜진 고객의 관심을 행동으로 연결하는 데 아주 유용한 도구다.

예를 들어 미국의 대형 유통 업체 타깃Target은 인스타그램 동영상을 활용해 신규 의류 컬렉션을 전시하고 홈 데코레이션 아이디어를 제공하는가 하면, 조리법을 공유하여 마이크로 모멘트에 있는 잠재고객의 영감을 자극했다. 그리고 동영상에 나오는 제품들에 링크를 걸어둠으로써 판매 전환율을 크게 높였다.

요컨대, 마이크로 모멘트는 디지털 콘텐츠에 완전히 몰입한 고객이 구매 관련 의사결정을 끝내는 순간이다. 이 순간을 활용하는 브랜드들은 숏폼 동영상을 제작해 사람들을 즐겁게 하는 동시에 관련 정보를 제공하고 영감을 자극할 수 있다.

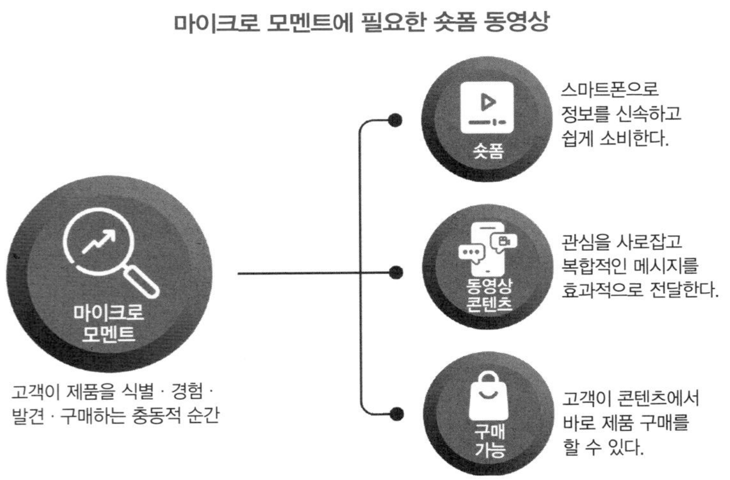

## 마이크로 모멘트에 필요한 숏폼 동영상

**마이크로 모멘트**
고객이 제품을 식별 · 경험 · 발견 · 구매하는 충동적 순간

**숏폼**
스마트폰으로 정보를 신속하고 쉽게 소비한다.

**동영상 콘텐츠**
관심을 사로잡고 복합적인 메시지를 효과적으로 전달한다.

**구매 가능**
고객이 콘텐츠에서 바로 제품 구매를 할 수 있다.

[그림 3.2] 숏폼 동영상 콘텐츠

# 커뮤니티 기반의 소셜 미디어

최근 소셜 미디어 시장의 동향은 비교적 안정적으로 보인다. 페이스북, 유튜브, 인스타그램, 틱톡 등의 거대 기업들이 월 이용자 수 10억 명을 넘기며 여전히 업계를 지배하고 있다. 그런데 레딧, 디스코드, 마스토돈Mastodon 같은 비교적 소규모의 플랫폼들이 탄력을 받으면서 미묘한 변화가 일어나고 있다. 이런 경향이 보인다고 해서 사용자들이 모두 주류 플랫폼에서 이탈한다는 의미는 아니다. 그보다는 사용자들이 소규모의 소셜 미디어에 시간을 할당할 가능성이 있다는 얘기다.

이런 경향이 나타나는 주요한 이유 중 하나는 대형 플랫폼에 콘텐츠를 게재하거나 공유할 때 데이터 프라이버시data privacy에 대한 불안과 걱정이 커지고 있기 때문이다. 그 결과 소셜 미디어 사용자들은 서로 신뢰하고 동일한 관심사를 공유하는 소규모 커뮤니티 여러 곳과 관계를 맺으려고 한다. 이들은 자신의 디지털 생활을 잘 통제하기 위해 공적 공간과 사적 공간의 균형이 유지되는 소셜 플랫폼을 찾는다.

커뮤니티 기반의 소셜 미디어 플랫폼 중 대표적인 곳이 레딧이다. 게임, 스포츠, 사업과 같은 특정한 관심사를 바탕으로 구성된 전용 커뮤니티 안에서 콘텐츠를 공유하고 토론할 수 있다. 레딧에서는 사용자들이 콘텐츠를 게시할 수 있는데, 다른 사용자들이 해당 게시물에 투표하거나 댓글을 달아준다. 그러면 순위 시스템에 따라 가장 눈에 띄는 게시물이 결정된다.

또 다른 커뮤니티 기반의 소셜 미디어 플랫폼인 디스코드는 실시간으로 텍스트 및 음성, 영상 채팅 서비스를 제공한다. 초기에는 주로 게이머들 사이에서 유행했는데, 서버 내 사용자들이 콘텐츠를 공유하고 소통할 수 있었다. 디스코드는 월간 활성 사용자 수가 1억 5,000만 명에 달하는 만큼 소규모 플랫폼이라고 할 순 없다. 하지만 여타 소셜 미디어들이 대규모의 공적인 공간으로 기능하는 반면, 디스코드는 '서버server'라는 개별 커뮤니티로 구성된다. 이렇게 커뮤니티 기반의 서버가 유행하자 왓츠앱WhatsApp이 '커뮤니티community'라는 유사한 기능을 도입했다. 이 커뮤니티는 소규모 인기 그룹들을 포괄하는 역할을 한다.

한편, 커뮤니티 기반의 소셜 플랫폼 중 가장 독특한 유형이 마스토돈이다. 마스토돈은 트위터와 유사한 마이크로블로깅micro-blogging(짧은 메시지를 주고받는 블로그의 일종-옮긴이) 플랫폼인데, 사용자들은 '트윗tweet' 대신 '툿toot'이라는 짧은 메시지를 게시할 수 있다. 트위터와의 큰 차이점은 분산형decentralized(탈중앙형) 오픈 소스 소셜 플랫폼이어서 누구나 커뮤니티를 만들 수 있다는 것이다. 이는 특정한 회사가 플랫폼을 운영하지 않는다는 의미다. 즉, 마스토돈은 트위터처럼 중앙 서버에서 관리되지 않고 '인스턴스instance'라는 수많은 개별 서버로 구성된다.

레딧, 디스코드, 마스토돈 등 커뮤니티 기반의 소셜 미디어가 부상하는 현상은 사용자들이 실제 연결과 깊이 있는 대화를 중심으로 구축된 플랫폼을 찾고 있음을 시사한다. 나아가 이 현상은 진정성 있고 신뢰할 수 있는 관계를 추구하는 Z세대와 알파세대가 주목받는 현상과 맥을 같이한다. 두 세대는 플랫폼 알고리즘이 지배하는 소셜 미디어에서 콘텐츠를 소비하려 하지 않으며, 신뢰하는

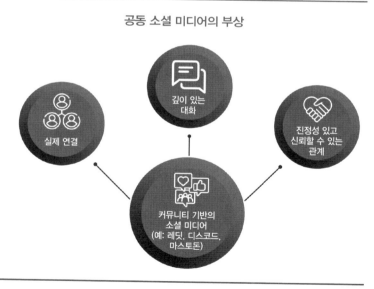

[그림 3.3] 커뮤니티 기반의 소셜 미디어

커뮤니티가 콘텐츠를 결정하는 것을 선호한다.

## 양방향 전자상거래

제품과 서비스를 온라인상에서 사고파는 행위인 전자상거래는 최근 들어 상당히 발전했다. 대체로 전자상거래는 소비자 직접 판매 direct-to-consumer 웹사이트나 중개 마켓플레이스 같은 온라인 플랫폼에서 이뤄졌다. 예를 들어, 나이키는 자체 전자상거래 웹사이트를 비롯해 아마존과 자포스Zappos 등 다양한 마켓플레이스를 통해 직접 제품을 판매했다. 그런데 이제는 기업들이 이용할 수 있는 전자상거래 모델이 많아졌다.

소셜 커머스는 급속히 성장하는 트렌드로 소셜 미디어에서 일어나는 거래의 일종이다. 기업들은 사용자들의 구매를 촉진하는 콘텐츠를 생성하고 소셜 미디어 플랫폼 안에서 쉽게 거래할 수 있게 함으로써 자체 소셜 미디어 페이지를 제품 구매가 가능한 점포로 전환할 수 있다. 페이스북, 인스타그램, 틱톡, 핀터레스트Pinterest 등의 소셜 미디어 플랫폼들은 매끄러운 브라우징과 구매 경험이 가능하도록 제품 카탈로그, 쇼핑 카트, 결제 시스템 등의 쇼핑 기능을 통합했다.

또 다른 전자상거래 모델로 대화형 커머스conversational commerce
가 인기를 끌고 있다. 이 상거래는 왓츠앱 및 메타Meta의 메신저 같
은 메시징 앱 내에서 직접 거래하는 방식이다. 사용자들의 질문과
판매자의 답변이 실시간으로 이뤄지기 때문에 사용자의 구매 가능
성이 커진다. 거래를 이끄는 대화는 인간 상담원이나 자동화된 챗
봇이 수행할 수 있다. 기업들은 이 두 역할을 통합하여 1년 365일,
하루 24시간 내내 고객을 지원하고 개인화된 응답을 제공할 수 있
기에 고객과의 관계를 강화할 수 있다.

마지막으로, 온라인 쇼핑 방식을 변화시키는 최신 전자상거래
모델인 라이브스트림 커머스livestream commerce가 중국에서 성장세
를 유지하고 있으며, 현재 미국에서도 주목받고 있다. 이 모델은
세계적인 홈쇼핑 채널 QVC의 TV 홈쇼핑과 유사하게 판매자가
생중계로 제품을 홍보하고 판매하는 방식이다. 라이브스트림 커
머스에서는 구매자가 채팅이나 공감 버튼을 통해 판매자와 관계
를 맺고 즉시 제품을 구매할 수 있어서 상호작용의 효과가 매우
높아진다.

현재는 미국의 주요 플랫폼들, 즉 아마존, 페이스북, 유튜브, 틱
톡이 라이브스트림 커머스를 제공한다. 또한 월마트와 노드스트롬
Nordstrom 같은 소매 업체, QVC와 HSN 같은 TV 네트워크들도 이
상거래 방식을 채택하고 있다.

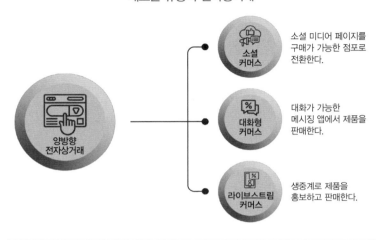

**[그림 3.4] 양방향 전자상거래**

소셜 커머스, 대화형 커머스, 라이브스트림 커머스가 Z세대 사이에서 인기를 끌고 있다. 시장 조사 기관 이마케터eMarketer가 전망한 바에 따르면, 이 모델들을 통한 거래 규모가 2025년이면 1,070억 달러에 도달할 것으로 보인다. 이런 전자상거래 모델들이 출현하면서 매력적인 콘텐츠와 실시간 상호작용의 중요성이 더욱 부각되고 있다. 오늘날 고객은 제품을 탐색하는 동안 브랜드나 기업과 관계를 맺을 방법을 찾는데, 그렇게 해야 충분한 정보를 바탕으로 의사결정을 할 수 있기 때문이다. 따라서 메타마케팅이 제공하는 양방향 고객 경험을 우선하는 기업들이 전자상거래 시장에서 경쟁우위를 차지할 가능성이 커졌다.

## 언어 기반 인공지능

인공지능은 대체로 인간의 지능이 필요한 임무를 컴퓨터 알고리즘을 사용해 처리한다. 한 가지 흥미로운 인공지능 개발 분야는 자연어 처리Natural Language Processing, NLP로, 말하기와 쓰기가 모두 포함된 인간의 소통 방식을 모방하도록 기계를 훈련시키는 형태다.

자연어 처리는 인간의 언어를 이해하고 생성하는 언어 기반 인공지능의 핵심 구성 요소로, 이를 통해 사용자의 질문을 이해하고 자체 지식 저장소를 활용해 응답할 수 있다. 어느 정도는 인간과 대화하는 것처럼 느껴지게 하며, 인간이 컴퓨터와 상호작용해 정보에 접근하도록 한다. 양방향 소통이 가능한 언어 기반 인공지능의 예로는 음성 도우미, 챗봇, 챗GPT를 들 수 있다.

아마존의 알렉사, 애플의 시리, 구글의 어시스턴트Assistant도 우리가 흔히 접하는 언어 기반 인공지능이다. 사용자는 구글에서 정보를 검색하고, 애플 아이폰에서 친구에게 문자를 보내고, 아마존에서 쇼핑 카트에 제품을 담는 등 특정한 임무를 수행하도록 음성 비서에게 음성으로 명령을 내릴 수 있다.

자판으로 텍스트를 입력하거나 마우스를 누르는 입력 방식 대신 자연스러운 음성을 사용하면, 기술의 설득력이 높아진다. 스마트폰이나 홈 스피커의 음성 도우미도 광범위하게 활용되어 주류로 채택될 길이 열렸다. 이마케터의 전망에 따르면, 미국 인구의 43% 가량이 음성 도우미를 사용한다.

또 다른 유형의 언어 기반 인공지능으로 인기를 끄는 챗봇은 주로 고객서비스와 판매 업무를 수행한다. 예를 들어 고객서비스 분야에서 챗봇은 대부분 사전에 프로그래밍된 스크립트에 따라 질문에 응답하는 일을 할당받는다. 또한 제품 및 서비스 관련 정보를 제공하여 세일즈 리드sales lead(잠재고객)를 육성하도록 훈련받기도 한다. 이렇게 간소한 방식의 고객 경험을 전달하는 것 외에 챗봇은 브랜드에 대한 비용 효율성을 높인다.

미국의 마케팅 시장 조사 기관인 PSFK의 조사에 따르면, 대다수 고객(전체 고객의 74%)이 간단한 문의를 할 때 여전히 챗봇을 즐겨 사용한다고 한다. 이런 이유로 스타벅스, 스포티파이Spotify, 세포라Sephora 등의 시장 선도 브랜드들이 고객 상호작용 관리에 챗봇을 사용한다. 고객은 이 챗봇과 소통하며 손쉽게 커피를 주문하고, 음악을 추천받고, 쇼핑에 도움을 받는다.

현재 오픈AI의 챗GPT(최단기간에 사용자 수 1억 명이라는 엄청난 기록을 달성한 기술 제품)가 인기를 끌며 주목받고 있다. 사용자 수 기록을 비교해보면, 글로벌 금융기관 UBS가 미국의 데이터 분석 업체 센서타워Sensor Towe의 데이터를 바탕으로 분석한 바를 보더라도 동일한 사용자층을 확보하기까지 틱톡이 9개월, 인스타그램이 2년 반이나 걸렸다. 실제로 기술의 채택이 가속화되고 있다. 지금의 고객은 편리함을 주고 삶을 개선하는 신기술을 망설임 없이 채택한다.

챗GPT가 여타의 챗봇과 다른 점이 있다면, 사용자가 말하는 콘텐츠뿐만 아니라 사용자의 의도와 감정을 이해하는 능력이 있어 대화 맥락을 매우 잘 알아챈다는 것이다. 더욱이 챗GPT는 복합적인 정보와 일관된 텍스트를 생성하는 데 탁월한 능력을 갖췄음을 증명했다. 이를테면 기업들은 챗GPT를 이용해 개인화된 광고 문구 초안을 작성하고, 장황한 보고서를 요약하고, 방대한 고객 데이터를 분석할 수 있다.

인공지능과 자연어 처리는 1950년대에 최초로 연구가 시작됐을 만큼 오랜 역사를 자랑한다. 그런데 최근에 Z세대가 떠오르는 현상에 더해 음성 도우미와 챗봇, 챗GPT가 큰 인기를 끌면서 인공지능과 자연어 처리가 널리 활용됐다. 이처럼 인간-기계 인터페이스Human-Machine Interface, HMI가 개발됨으로써 대화형 메타마케팅이 발전할 길이 열리고 있다.

## 언어 기반 인공지능의 유형

**음성 도우미**

음성 명령을 사용해 특정한 임무를 수행한다(예: 아마존의 알렉사, 구글의 어시스턴트, 애플의 시리).

**챗봇**

사전에 프로그래밍된 스크립트를 바탕으로 간략한 물음에 빠르게 응답한다.

**대규모 언어 모델**

프롬프트를 입력하면 복합적인 정보와 일관된 텍스트를 생성한다(예: 오픈AI의 챗GPT).

**[그림 3.5] 언어 기반 인공지능**


# 몰입형 웨어러블 기기

오늘날 전자제품 기업들은 너나없이 몰입형 기기를 출시하고 있다. 이런 기기들은 사용자가 완전한 몰입형 디지털 환경을 현실감 있게 체험하게 해준다.

몰입형 기술의 두 가지 사례로 증강현실과 가상현실이 있다. 증강현실은 실제 세계에 디지털 콘텐츠를 입히는 기술로, 사용자들이 현실의 요소는 물론 가상의 요소와 동시에 상호작용하게 해준다. 앞서 언급했듯이, 스마트폰의 카메라로 우리 주변을 보면서 현실 세계에 입혀진 포켓몬 같은 디지털 이미지를 찾는 것이 증강현실의 사례라고 할 수 있다.

한편, 가상현실은 사용자가 디지털 환경에 완전히 몰입하게 함으로써 물리적 세계와 분리된 경험을 창출한다. 가상현실 헤드셋을 착용하고 시뮬레이션 게임과 같은 완전히 디지털화된 세계로 들어가는 것이 한 가지 사례다. 이때 사용자는 가상의 객체 및 캐릭터가 마치 현실에 존재하듯이 그들과 상호작용할 수 있다.

몰입형 기기는 대개 부피가 크고 가격이 비싼 데다 사용자층이 소수의 전문 사용자 집단으로 한정되어 있다. 예컨대, 오큘러스 리프트Oculus Rift와 HTC 바이브HTC VIVE 같은 가상현실 헤드셋은 고성능 컴퓨터가 요구되며 확장성이 떨어진다.

그렇다고 해도 대부분 사람이 몰입형 기기들을 손쉽게 이해하고 착용할 수 있는 방향으로 트렌드가 이동하고 있다. 현재 이용 가능한 웨어러블 기기로는 3D 오디오 이어버드와 스마트 안경 등이 있으며, 이런 기기들을 이용해 몰입 경험을 얻을 수 있다.

몰입형 3D 오디오는 현실 세계에서 소리가 들리는 방식을 시뮬레이션하여 소리가 사용자를 둘러싸는 듯한 청취 경험을 제공하는 기술이다. 이를테면 3D 오디오로 음악을 듣는 사용자는 다양한 방향과 거리에서 여러 악기 소리와 음향을 느끼며 실제 현장에서 음악을 듣는 듯 생생한 경험을 얻는다. 애플의 '공간 음향Spatial Audio',

소니Sony의 '360 리얼리티360 Reality'가 대표적 사례이며, 각 브랜드가 생산하는 이어폰으로 3D 오디오를 즐길 수 있다.

그 밖에 레이밴 스토리즈Ray-Ban Stories 같은 스마트 안경도 유행하고 있다. 스마트 안경에 장착된 오디오 기능으로 통화를 하거나 음악을 들을 수 있으며, 카메라로 사진이나 동영상을 촬영할 수도 있다. 아마존의 에코 프레임스Echo Frames, 레이저Razer의 안주Anzu를 비롯한 일부 기기들은 음성 도우미 기능이 있어 사용자들이 음성 명령을 내려 안경을 작동시킨다. 더 기능이 뛰어난 안경에는 내장 디스플레이와 함께 증강현실 기능이 있어 안경 착용자의 시야에 정보가 투영된다. 이런 정보로 동영상, 메시지, 내비게이션 화면 등이 표시된다.

몰입형 웨어러블 기기들이 스마트폰과 동일한 기능과 접근성을 제공하면서도 스마트폰보다 더 많은 핸즈프리 경험을 제공하기에 사람들이 디지털 오디오와 비디오 콘텐츠를 소비하는 방식도 달라지고 있다. 스마트폰과 달리 웨어러블 기기는 사용자가 디지털 콘텐츠에 접근하는 동시에 주변 환경과 상호작용하게 해주어 전체 경험의 몰입감을 높인다.

## 새롭게 떠오르는 웨어러블 기기

**비디오 리얼리티 헤드셋**
가상현실을 체험하게 해주는 헤드 마운티드 헤드셋 (예: 오큘러스의 리프트)

**3D 오디오 이어버드**
3D 음향을 현실처럼 생생히 들려주는 이어폰 (예: 공간 음향이 지원되는 애플의 에어팟)

**스마트 안경**
오디오, 디스플레이, 카메라 기능이 있는 안경 (예: 레이밴 스토리즈)

[그림 3.6] 몰입형 웨어러블 기기

## SUMMARY

오늘날 디지털 라이프 스타일은 상호작용을 기반으로 하는 몰입 경험에 대한 젊은 세대의 선호를 반영한다. 이 디지털 라이프 스타일의 다섯 가지 핵심 영역, 즉 콘텐츠, 소셜 미디어, 전자상거래, 인공지능, 웨어러블 기기에서 마이크로트렌드가 부상하고 있다.

소셜 미디어가 더 작고 더 전문화된 커뮤니티를 향해 변화하는 한편, 브랜드들은 고객 여정에서 몰입도 높은 마이크로 모멘트를 활용하기 위해 숏폼 동영상을 널리 확산시키고 있다. 또한 전자상거래 역시 전통적인 웹사이트와 마켓플레이스의 영역을 넘어 소셜 커머스, 대화형 커머스, 라이브

스트림 커머스 등 양방향성이 강화된 모델로 확장되고 있다.

소프트웨어 측면에서는 음성 도우미, 챗봇, 챗GPT 등 언어 기반 인공지능이 발달하고 있으며 이에 따라 인간과 기계의 원활한 상호작용이 양방향 마케팅에서 매우 중요한 요소가 됐다. 마지막으로, 하드웨어 측면에서는 전자제품 기업들이 적정한 가격의 웨어러블 기기를 개발해 몰입형 디지털 경험을 제공하고 있다.

**생각해볼 질문들**

- 커뮤니티 기반의 플랫폼이 유행하는 현상은 페이스북과 인스타그램 같은 주류 소셜 미디어의 지배력에 어떤 영향을 미칠까? 소규모의 플랫폼들은 결국 규모가 커질까, 아니면 대규모의 플랫폼들이 커뮤니티 기반의 트렌드에 적응할까?
- 몰입형 웨어러블 기기가 널리 보급되면 미래에 사람들이 디지털 콘텐츠를 소비하는 방식에는 어떤 변화가 일어날까? 몰입형 기기가 주류가 되려면 어떤 어려움을 극복해야 할까?

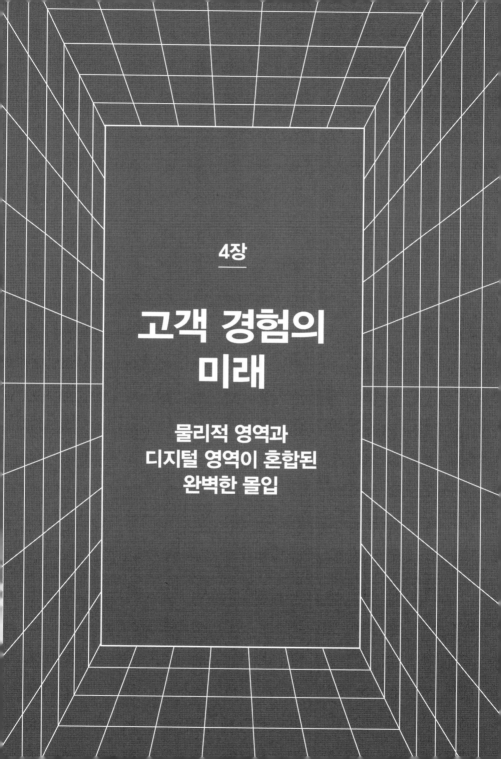

4장

# 고객 경험의
# 미래

**물리적 영역과
디지털 영역이 혼합된
완벽한 몰입**

마케터들 사이에서는 제품을 출시하고 판매하는 일에 그치지 않고 탁월한 고객 경험을 전달하는 쪽으로 마케팅의 초점을 전환하는 추세가 강해지고 있다. 이에 따라 단일 기능에서 교차 기능 접근 방식으로 마케팅의 범위가 확대됐다. 고객이 기업과 함께하는 상호작용이나 고객이 기업의 브랜드를 경험하는 접점이 모두 고객 경험에 포함되기 때문이다.

여기에는 광고 노출, 포털 검색, 매장 둘러보기, 제품 사용, 보증 청구, 소셜 미디어에서 제품 관련 논의하기 등 다양한 접점이 포함될 수 있다. 각 접점의 효과는 다른 접점의 맥락에 영향을 받으며, 고객 경험을 총체적이고 통합적으로 만든다. 그러므로 고객 경험은 각각의 부분이 단순히 합쳐진 개념이라기보다는 훨씬 더 다면적인 개념이다.

고객 경험의 영역에서 기업들이 경쟁하는 추세는 여러 요인으로 촉발된다. 첫째, 인터넷상의 투명성이 제품의 상업화를 앞당기기도 한다. 고객과 경쟁 업체가 제품의 사양을 쉽게 비교할 수 있기 때문이다. 그에 따라 고객은 충분한 정보를 가지고 결정을 내리고, 경쟁 업체들은 시장에서 신속히 최상의 제품을 모방한다. 그럴수록 눈에 보이는 특징 간의 차별성이 사라지기 때문에 기업들은 이제 자사의 제품을 차별화하는 무형의 요소에 더 중점을 둬야 한다. 신제품을 개발하고 출시하는 것만으로는 충분하지 않다. 제품의 발견부터 구매와 이용에 이르기까지 제품에 대한 고객의 경험이 제품 자체만큼이나 중요해졌다. 개별 고객이 고유하고도 개인적인 경험을 가지기에 고객 경험은 제품의 사양과 달리 주관적이며, 범용화commoditization(제품과 기술의 격차가 좁혀져 제품 간 차별성이 사라지고 비슷해지는 현상-옮긴이)의 영향을 별로 받지 않는다.

고객 경험이 성공적인 마케팅 전략이 된 또 다른 이유는 제품 수명주기product life cycle가 짧아졌기 때문이다. 소셜 미디어의 영향으로 젊은 세대의 제품 선호도가 급격히 변화하고, 그에 따라 제품 수명주기가 점차 단축되고 있다. 최근 유행하는 것과 가치 있는 것이 대개는 소셜 미디어에서 결정된다. 제품의 인기가 급격히 식으면 제품을 통해 수익을 창출할 기회의 문이 좁아지므로 기업들은 신제품을 자주 출시해야 한다. 그럼에도 특별한 고객 경험을 제공할 수 있다면, 제품 수명주기를 연장할 수 있다.

이렇게 범용화가 가속화되고 제품 수명주기가 단축되기에 마케터들은 고객 경험을 혁신할 수밖에 없게 됐다. 고객 경험을 개선하면, 문제가 해결될 뿐만 아니라 수익도 늘어난다. 고객 경험

# 고객 경험으로 경쟁하다

**제품 범용화 현상의 가속화**

인터넷의 투명성 덕에 제품의 사양을 쉽게 비교할 수 있다.

**제품 수명주기 단축**

선호도가 급격히 변하기에 제품의 인기가 금세 식는다.

**고객 경험의 혁신**

**고객 경험의 수준을 높이면 결과가 개선된다**

- 참여 확대
- 구매 의향 상승
- 구매 금액 증대
- 입소문 증가

[그림 4.1] 고객 경험의 당면 과제

의 수준이 높아지면, 고객의 참여도도 높아진다. 고객이 기꺼이 지갑을 열고, 제품과 함께 더 많은 시간을 보내고, 제품을 재구매하고, 가족과 지인들에게 자신의 경험을 공유할 가능성이 커지기 때문이다.

글로벌 헤리티지 브랜드인 코카콜라Coca-Cola가 아주 좋은 사례다. 130년이 넘도록 주력 제품에 변화가 없지만, 코카콜라는 젊은 세대 사이에서 시장 적합성을 유지하고자 제품을 구매하고 소비하는 고객 경험을 끊임없이 혁신한다. 코카콜라의 마케팅 캠페인에는 늘 최신 트렌드가 활용된다. 대표적 사례로 전 세계 70개 이상의 국가에서 진행된 'Share a Coke(마음을 전해요)' 캠페인을 들 수 있다. 젊은 세대 사이에서 유행하는 개인화 트렌드를 활용한 캠페인으로, 각 나라에서 가장 많이 쓰는 이름 250개를 선정해 병 제품에 새겨 넣었다. 또 'Friendly Twist(다정히 비틀어요)' 캠페인에서는 대학교 캠퍼스에 자판기를 설치해 병을 맞대어 돌려야만 뚜껑이 열리는 음료 패키지를 비치했다. 이 혁신적인 디자인 덕분에 스마트폰 중독으로 위축되어가던 사회적 상호작용을 자극할 수 있었다.

최근 코카콜라는 몰입 경험 트렌드를 수용하는 측면에서 선구적 역할을 했다. 다양한 한정판 음료 브랜드인 코카콜라 크리에이션Coca-Cola Creations을 도입하여 코카콜라의 상징적인 맛을 재해석하고 물리적 영역과 디지털 영역 전반에 걸친 몰입 경험을 접목했다. 첫 번째로 출시된 한정판이 코카콜라 스타라이트Coca-Cola Starlight로, 우주여행을 하는 듯한 청량감을 느끼게 한다. 사용자들이 코카콜라 크리에이션 웹사이트에서 스타라이트 캔이나 병 제품의 QR 코드를 스캔하면, 미국의 가수이자 브랜드 대사인 에이바 맥스Ava Max의 증강현실 공연을 감상할 수 있다. 또 다른 한정판인 코카콜라 제로 슈가 바이트Coca-Cola Zero Sugar Byte는 게임에서 영감을 얻은 음료로 '픽셀의 맛'을 상상하며 몰입형 디지털 경험에 빠지게 한다. 또한 온라인 비디오게임 포트나이트에 가상의 섬을 만들어 미니게임 컬렉션과 함께 음료를 맛보게 했다.

코카콜라의 마케팅 관리 방법은 기업이 고객 경험의 영역에서 경쟁해야 하는 이유를 보여준다. 요컨대, 기업은 신제품을 출시할 때 늘 제품에 접목된 독특하고도 최신 유행에 부합하는 고객 경험을 불러일으켜야 한다.


## 미래는 몰입이다

최근 코카콜라의 마케팅 관리 방법을 보면, 몰입형 고객 경험이 머지않아 현대 마케팅의 중심축을 형성할 것으로 전망할 수 있다. 인터넷을 비롯한 많은 미디어에서 콘텐츠가 홍수처럼 쏟아져 나오는 오늘날, 단방향의 방송 캠페인으로는 대중의 관심을 사로잡지 못한다. 몰입 경험은 고객을 물리적으로 또는 가상으로 경험의 핵심 일원으로 참여시킨다는 점에서 더욱 매력적이다. 예를 들어 유튜브로 공연을 관람할 때와 공연장에 가서 공연에 직접 참여할 때의 차이를 생각해보자. 또는 책으로 공부할 때와 강의를 들을 때의 차이를 생각해보자.

고객 경험에 몰입감이 조성되려면, 모든 접점이 세심하게 편성되어 압축된 경험으로 전달되어야 한다. 이를 라이브 콘서트를 기획하는 일로 생각해보자. 공연장에서는 모든 접점이 몰입형 고객 경험 전반에 기여한다.

근본적으로 다섯 가지 요소, 즉 다감각 경험, 상호적 경험, 참여형 경험, 마찰 없는 경험, 스토리텔링 경험이 완전한 몰입을 불러일으킨다.

다감각 경험에서는 오감(시각, 청각 후각, 미각, 촉각)이 자극되어 관심도가 높아진다. 공연장을 예로 들면 무대 디자인과 눈에 보이는 것(시각), 음악 연주와 오디오 시스템(청각), 음식과 음료(후각과 미각), 관객들 간의 신체 접촉(촉각)이 다감각 경험을 구성하는 요소들이다.

상호적 경험은 양방향 대화로 이루어지며, 참여형 경험은 고객

[그림 4.2] 몰입 경험의 다섯 가지 요소

이 적극적으로 참여할 때 발생한다. 공연 전 만남과 인사 또는 공연 중 관객의 참여도 상호작용이라고 할 수 있으며, 이런 경험이 공연을 오래 기억하게 해준다. 게다가 관객은 노래를 따라 부르고 춤을 추고 음악에 맞춰 손뼉을 치면서 적극적으로 공연에 참여할 수 있으며, 그에 따라 매우 깊은 몰입감에 빠져든다.

마찰 없는 경험은 불필요한 방해 요소를 최소화함으로써 주된 매력을 돋보이게 한다. 예컨대 입장권이나 상품을 구매하는 일, 공연 장소에 입장하는 일 등이 그 예인데 이 모든 일은 관객이 본 행사에 집중할 수 있도록 손쉽고 번거롭지 않아야 한다.

마지막으로, 스토리텔링 경험은 다른 모든 요소를 응집력 있는 이야기로 엮는 것이다. 2022년 록밴드 U2의 리드 보컬 보노Bono가 'Stories of Surrender(항복의 이야기)'라는 제목으로 벌인 공연을 예로 들 수 있다. 이 공연에서는 보노의 히트곡과 독백이 그의 회고록에 담긴 인생 이야기와 섞여 유려하고 의미 있는 내러티브를 만들어냈다.

이상의 다섯 가지 요소가 합쳐지면 진정한 몰입 경험이 형성된다. 기업들은 바로 이 접근법을 적용해 몰입 경험을 창출해야 한다. 이와 관련하여 애플 스토어Apple Store가 탁월한 사례로 꼽힌다. 고객은 애플닷컴apple.com에서 편하게 제품을 구매할 수 있는데도 직접 체험하려고 애플 스토어를 찾는다.

애플 스토어에 들어서면 탁 트인 공간에 제품들이 한눈에 들어오도록 전시돼 있고, 현장 직원이 다가와 제품을 직접 체험해보라고 권유한다. 구체적으로 말하면, 맥북은 스크린이 76도로 기울어져 전시되어 있다. 고객이 스크린 각도를 조절하고 맥북을 만져보고 싶다는 유혹을 느끼게 해 다감각 경험을 창출하는 것이다.

매장에서 현장 직원은 고객을 맞이하고, 그들이 제품을 편안히 살펴볼 수 있도록 지원한다. 애플은 'APPLE'로 알려진 고객 응대법을 매장 직원들에게 교육한다. APPLE은 '고객에게 다가가기Approach', '고객의 요구 알아보기Probing', '해결책 제시하기 Presenting', '적극적으로 듣기Listening', '환송과 함께 마치기Ending'를 뜻한다. 애플은 이 상호적 경험을 표준화하여 직원들이 고객에게 공감하며 응대하게 한다.

스토어는 또한 '투데이 앳 애플Today at Apple' 세션으로 참여형 경험을 제공한다. 일련의 실습 강연과 워크숍에서 고객은 아이폰으로 사진 찍기, 동영상 편집하기, 음악 만들기 등 다양한 기술을 습득할 수 있다.

금전등록기나 계산대 없이 애플의 직원은 매장 어디서나 모바일 기기로 고객의 결제를 처리하고 이메일을 통해 영수증을 보낸다. 이것이 제품의 경험을 최우선 관심사로 두는 마찰 없는 경험이다.

이 모든 것이 단순성과 유용성에 초점이 맞춰진 그 유명한 애플의 스토리텔링과 융합한다. 근본적으로 애플은 불편함 없이 작동하는 혁신적인 제품을 내놓는 기업이며, 애플 스토어는 자사의 제품 디자인 원칙을 소매 분야로 확장한 것이다. 애플의 제품과 마찬가지로 매장도 깔끔하고 정돈된 모습과 함께 미니멀리즘을 보여준다. 또한 매장 방문객들을 위한 거래와 상호작용 역시 직관적으로 이루어진다.

## 미래는 또한 하이브리드다

모든 몰입 경험에는 원활하게 작동하는 물리적 접점과 디지털 접점이 존재한다. 두 유형의 접점은 서로 좀처럼 호환되지 않는 고유한 이점이 있다. 이는 코로나19 팬데믹 기간과 그 이후 소매 고객의 행동을 비교해보면 명백해진다. 물리적 거리 두기가 여전히 시행되고 있을 때, 고객은 더 편리하고 안전한 수단인 온라인 쇼핑으로 눈을 돌렸다. 그 결과, 이 기간에 전자상거래가 급속히 성장했다.

그런데 규제가 완화되자 많은 이들이 오프라인 매장으로 돌아갔다. 마케팅 미디어 업체 무드미디어Mood Media가 진행한 조사에 따르면, 현재 고객의 71%가 팬데믹 이전만큼 자주 또는 훨씬 더 자주 오프라인 매장에서 제품을 구매했다. 고객이 이전 습관으로 돌아가자 아마존과 쇼피파이Shopify 등의 전자상거래 업체들은 온라운 영업을 축소하고 오프라인 쇼핑에 더 주력했다.

매장에서 물품을 구매하는 고객은 온라인에서 쇼핑할 때처럼 물품 배송을 기다릴 필요가 없어서 즉각적인 만족감을 얻는다. 더 중요하게는, 제품을 보고 만지고 느낄 수 있어 다양한 감각적 경험을 할 수 있다. 이와 같은 실질적 경험으로 제품에 대한 고객의 인식이 강화되고 제품을 소유하려는 욕구가 강해져 구매로 이어질 가능성이 커진다.

그런데 물리적 접점의 가장 주목할 만한 이점(팬데믹으로 전자상거래 붐이 일어났던 시기에는 누릴 수 없었던 이점)은 인간 대 인간의 상호작용이 촉진된다는 사실이다. 쇼핑은 고객이 지인이나 가족과 함께하는 사회적 경험일 뿐 아니라 매장 직원들을 만나 신뢰를 쌓고 장기적 관계를 맺는 일이기도 하다.

물리적 접점에 이런 이점이 있듯이, 디지털 접점에도 장점이 있다. 무엇보다 고객이 오프라인 매장을 돌아다니거나 물건을 둘러보느라 시간을 쓰지 않아도 되기에 오프라인 쇼핑에 비해 더 효율적이고 유연한 쇼핑을 할 수 있다. 더군다나 온라인 쇼핑에서는 다양한 제품군을 접할 수 있을 뿐 아니라 신뢰할 수 있는 리뷰, 가격 비교, 다양한 유형의 거래에 접근할 기회가 있다. 따라서 구매 결정에 대한 고객의 확신이 높아진다. 고객은 제품을 직접 만지지 못하더라도 자세한 정보를 바탕으로 현명한 선택을 할 수 있다.

가장 중요하게는, 온라인 접점에서 제품과 판촉 활동의 개인화가 개선됐다는 점을 들 수 있다. 고객은 프로필과 관련 이력을 바탕으로 추천을 받기도 하므로 자신에게 더욱 맞춤화된 경험을 얻을 수 있다.

물리적 공간뿐만 아니라 디지털 공간에서 생활하는 '피지털 네이티브'가 출현함에 따라 기업에는 디지털 접점을 전반적인 고객 경험에 접목하는 일이 중요한 과제가 됐다. 팬데믹 이후 트렌드는 앞으로 10년간 대부분의 고객 경험이 주로 물리적 공간에서 일어나리라는 점을 암시한다. 그렇다고 해도 기업들은 디지털 접점들을 어느 정도까지는 통합해야 한다. 디지털 접점의 편의성·효율성·개인화를 통해 물리적 접점을 보완한다면, 몰입형 고객 경험을 강화할 수 있다.

요컨대, 고객 경험을 두고 벌어지는 경쟁에서 승리하려면 물리적 접점과 디지털 접점을 몰입 경험으로 조합하는 메타마케팅을 해야 한다. 디지털 접점은 번거롭지 않고 마찰 없는 거래 경험을 최우선으로 삼는 고객에게 적합하다. 이 접점들이 합리적이고 실용적인 측면을 중시하는 고객의 성향에 부합하긴 하지만, 이것들로 물리적 경험을 완전히 대체하지는 못한다. 정서적·경험적 연결을 충족하고자 사회적 상호작용을 시도하는 고객은 물리적 접점을 자주 활용한다. 이는 오프라인 매장이 단순한 판매 채널에서 체험 센터로 진화해야 한다는 점을 시사한다. 그러지 못하면 전자상

물리적 경험과 디지털 경험의 결합

다감각 제품
경험

제품에 대한
즉각적인 만족

인간 대 인간의
상호작용

하이브리드
경험

물리적

디지털

쇼핑의 효율성과
유연성

개인화된
추천

폭넓은 제품군과
투명성

[그림 4.3] 온라인 경험과 오프라인 경험의 장점

거래 채널과 차별화하지 못해 결국 도태되고 말 것이다.

# 모든 상황에 맞는 만능 전략은 없다

디지털화 추세가 갈수록 강해지고 있지만, 산업 전반에 걸쳐 디지털 경험과 인간의 경험을 결합하는 보편적 접근법은 존재하지 않는다. 글로벌 경제가 인플레이션과 성장 둔화 등의 문제에 직면하면서 기업들은 효율을 높이기 위해 디지털 기술을 채택해야 한다는 압박을 받고 있다. 그러나 디지털 접점을 늘리고자 노력하는 기업들은 종종 인간적 접촉human touch의 중요성을 간과한다. 세계적인 회계 컨설팅 기업 프라이스워터하우스쿠퍼스PricewaterhouseCoopers, PwC가 실시한 글로벌 설문조사에서 확인된 사실에 따르면, 고객 중 3분의 2는 기업들이 고객 경험의 인간적 요소를 무시한다고 생각한다.

그러므로 대면 상호작용을 우선해야 할 때와 기술을 접목해야 할 때를 아는 것이 중요하다. 그래서 우리는 고객 경험 전반에서 인적 경험이 차지하는 중요도와 디지털 경험이 일부 접점을 대체할 수 있는 정도를 바탕으로 고객 경험의 접점을 네 가지 시나리오로 분류했다.

이 시나리오들은 하나의 스펙트럼상에 존재한다(그림 4.4 참고). 스펙트럼의 한쪽 끝(시나리오 1)에서는 인간적 접촉의 중요도가 가장 낮고, 완전한 자동화와 마찰 없는 경험이 가능하다. 스펙트럼의 다른 끝(시나리오 4)에서는 인간적 접촉이 가장 중요하며, 증강 인간 기계augmented human machine 경험이 최적의 접근 방법이 된다. 디지털 기술과 인간적 접촉에 대한 최적의 통합을 결정할 때, 이 네 가지 시나리오를 반드시 이해해야 한다.

**물리적 경험과 디지털 경험의 결합**

[그림 4.4] 인적 경험을 디지털 경험으로 대체하기

## 시나리오 1: 인간의 존재가 거래를 촉진한다

은행 출납계 직원, 슈퍼마켓 계산원, 매표소 직원의 경우처럼 인간이 주로 거래 중개자 역할을 하는 몇 가지 시나리오가 있다. 그 역할들은 잘 정의된 절차에 따라 수행되며, 비교적 단순하다. 그런데 이 역할들이 점차 ATM, 셀프 계산대, 셀프서비스 키오스크 등의 디지털 접점으로 대체되고 있다.

디지털 접점을 향한 이 변화는 달라진 고객 기대치를 비롯한 여러 요인으로 촉발된다. 비교적 짧은 고객 여정이고 인간관계와 별로 관련이 없기에 이 거래 시나리오에서 대부분 고객은 최소한의 사회적 상호작용을 선호한다. 그 대신 마찰과 불필요한 접촉이 최소화되는 빠른 경험을 찾는다.

디지털 접점은 기업 입장에서 사업적으로 더 이치에 맞는다. 이처럼 일상화된 거래가 일어날 때는 대개 현장 직원들에게 정확한 판단력이나 상당한 수준의 개인화가 요구되지 않는다. 그에 비해 디지털 접점은 이러한 거래를 보다 빠르고 효율적이며 더 정확히 처리할 수 있다. 나아가 셀프서비스 디지털 접점은 매일 24시간 내내 이용할 수 있으므로 기업들이 선호하는 대안이다.

이 시나리오에서 인간 경험을 디지털화하는 일은 비교적 간단하다. 마찰 제거를 목표로 삼으면 되기 때문이다. 사용자 친화적인 사용자 인터페이스user interfaces, UI 및 사용자 경험user experiences, UX과 함께 셀프서비스와 스크린 기반의 디지털 경험을 구현하는 일이 이에 포함된다. 예를 들어 맥도날드McDonald's, 타코벨Taco Bell, KFC 등의 패스트푸드 레스토랑 체인은 매장 내 키오스크에서 주문하는 셀프서비스 도입을 확대했다. 그 결과 주문량과 마진이 증가한 것으로 보고됐으며, 디지털 접점의 이점이 증명됐다.

게다가 기업들은 지문, 안면인식, 기타 디지털 증명 등 생체인식을 이용할 수 있다. 이 기술 덕분에 고객은 신속히 신원을 증명하고, 거래를 완료할 때까지 들어가는 시간과 노력을 줄일 수 있다. 좋은 예로, 미국 베이커리 브랜드 파네라Panera는 손바닥 결제 생체인식 기술인 아마존원Amazon One을 매장에 적용했다. 고객이 스캔 장치에 손바닥을 올려놓으면 파네라 직원이 고객의 이름을 부르며 인사하고 주문을 제안한다. 그리고 고객이 주문을 마친 다음 한 번 더 손바닥을 스캔하게 해 결제를 처리한다.

앞으로도 이 시나리오에서는 디지털 접점이 계속 인간의 역할을 대체할 것으로 보인다. 이 접점의 범주에서는 완전한 자동화가 궁극적으로 최종 단계가 되어 마찰 없는 경험의 요소가 원활히 작동되게 할 것이다.

## 시나리오 2: 인간의 참여가 신뢰의 공백을 메운다

새로운 자동차나 집을 구입하는 등 고가의 상품을 구매하는 고객은 흔히 여러 선택지를 조사, 분석하여 최선의 결정을 내린다. 이 상황에서 고객은 전체 의사결정 과정 중 발견 단계를 의도적으로 연장한다. 선택에 대한 확신을 얻으려면 추가적인 '마찰'이 필요하다. 예를 들어 고객은 새 차를 사고자 할 때 시승 일정을 잡거나 주택을 구매하고자 할 때 주택 방문 일정을 잡아 직접 체험을 해본 다음 자동차 영업사원이나 부동산 업자와 대화를 나눌 것이다. 이와 같은 상호작용은 신뢰가 구축되는 데 중요한 기능을 하며, 참여도가 높은 접점은 고가품을 구매할 때 필수적인 요소다.

이 시나리오에서는 완전한 디지털화가 한층 더 어려운 일이지만 테슬라Tesla, 볼보Volvo, 포드Ford와 같은 자동차 제조 업체들이 특히 전기자동차 부문에서 온라인 판매로 방향을 틀고 있다. 2019년 테슬라는 100% 온라인 판매를 시작했으며, 볼보는 선례를 따라 2021년부터 온라인에서 전기차를 독점 판매했다. 마찬가지로 포드도 전기차 판매를 자사의 전자상거래 채널에서 진행할 계획이다.

이 자동차 제조 업체들은 고객의 선택을 돕기 위해 몰입형 가상현실 시승 체험을 제공한다. 매장을 찾은 고객은 360도 뷰와 현실적인 소리, 모의 가속과 브레이킹까지 자동차의 외관과 감성을 체험할 수 있다.

그렇다고 해도 미국의 일부 주에서는 자동차를 대리점을 통해 판매하도록 법으로 명시해놓았기 때문에 대리점 모델이 완전히 사라질 것 같지는 않다. 더 중요하게는, 고객이 가상현실 체험을 편하게 생각하더라도 대리점 판매가 사라지길 바라진 않을 것이다. 소매 업계와 마찬가지로, 실제 자동차 대리점도 온라인 채널을 보완하는 필수 채널로서 거래를 넘어서는 상호작용과 경험을 제공할 정도로 발전할 것이다.

물리적 접점에 꼭 큰 비용을 들일 필요는 없다. 예컨대 현재 테슬라는 고객에게 원격 시승 체험을 제공하는데, 디지털 채널을 통해 소통하는 가상의 세일즈 어드바이저sales advisor를 고객에게 배정하는 방식이다. 고객이 테슬라 웹사이트에서 시승 일정을 예약하고 테슬라 자동차가 주차된 장소로 가서 연락하면, 세일즈 어드바이저가 원격으로 자동차의 잠금을 해제해준다. 이후 고객이 30분 동안 시승한 후 같은 장소에 주차하면 된다.

이 접점의 범주에서는 전통적인 인적 경험이 부분적으로만 디지털 경험으로 대체될 수 있다. 고가의 제품을 구매하는 고객 사이에서 온라인 판매와 가상의 체험이 점점 더 흔한 일이 되어가고 있지만, 대면 접점은 여전히 고객의 신뢰와 확신을 얻는 데 필수 요소다. 또한 대면 접점은 상호적 경험의 요소이기도 하다.

## 시나리오 3: 인적 관계가 제품의 가치를 높인다

특정한 상황에서, 특히 유형과 무형의 측면이 있는 복합적인 제품을 판매하는 상황에서는 인적 관계가 제품의 가치를 높인다. 제품의 인도, 특히 개인이 제품을 전달하는 방식은 고객이 제품을 구매하거나 사용하겠다고 결정할 때 중요한 요인이 된다. 더욱이 이 방식은 사람의 심리에 존재하는 권위의 원칙과 맥을 같이한다. 말하자면, 사람들은 경험이 풍부한 데다 신뢰할 만하고 박식한 전문가의 안내를 따르는 경향이 있다.

자산관리 서비스가 좋은 예인데, 고액자산을 보유한 고객은 전문지식과 대인관계 능력을 갖춘 자산관리 전문가에게 맞춤형 투자 안내를 받는다. 이때는 자산관리회사가 고객의 투자를 분석하여 자문을 제공할 수 있는 백엔드 애널리틱스back-end analytics와 프런트엔드 소프트웨어front-end software를 비롯하여 많은 요인이 고객의 만족감에 영향을 미친다.

인간적 접촉은 유형의 제품을 판매하는 분야에서만이 아니라 자산관리 분야에서도 재정적 조언 이면에 존재하는 신뢰할 수 있고 만족할 만한 전문지식을 전하는 데 핵심 역할을 한다. 매킨지는 자산관리 업계가 2020년 사상 최고의 고객 유지율(약 95%)을 달성했다고 밝히면서, 고객이 재정자문인들을 결집하고 신뢰받는 주요 자문인들과의 관계를 강화한 덕분이라고 분석했다.

기업 대 기업Business-to-Business,B2B 환경에서도 유사한 상황이 자주 발생한다. 기업 고객에게 복잡한 제품을 판매하는 기술 기업들 대부분은 제품에 대한 실무지식과 제품을 선보이는 수완이 뛰어난 세일즈 엔지니어를 고용한다. 예를 들어 IBM과 시스코Cisco에서 세일즈 엔지니어는 자사의 제품에 대한 지식을 적절히 활용해 고객의 니즈를 충족시키며, 그럼으로써 고객과의 관계를 공고히 하고 고객에게 맞춤화된 솔루션을 제공한다. 달리 말해 세일즈 엔지니어는 제품에 정통한 기술 전문가이자 고객과의 관계를 구축하는 영업 담당자라고 할 수 있다. 그래서 제품 간에 차이가 별로 없을 때는 세일즈 엔지니어와의 관계가 잠재고객의 선택을 이끄는 결정적 요인이 되기도 한다.

이 업계에서는 기업과 고객이 대부분 함께 의사결정을 내리고 경험을 공동 창조한다. 따라서 양쪽 당사자가 적극적으로 관여하는 참여형 경험이 중요하기에 접점의 디지털화가 제한적으로 이루어진다. 이는 디지털 접점과 대면 접점의 균형을 유지하는 하이브리드 모델로만 가능한 일이다.

이를 실현하는 한 가지 방법은 디지털 커뮤니케이션 채널을 통해 기업 담당자와 고객이 원격 상호작용을 하는 한편, 셀프서비스 플랫폼과 대시보드를 통해 24시간 내내 고객의 의사결정을 돕는 것이다. 글로벌 시장 조사 업체 가트너Gartner는 2025년에 이르면 공급자와 구매자 사이에서 B2B 영업을 위한 상호작용의 80%가 디지털 커뮤니케이션 채널에서 일어날 것으로 전망했다.

## 시나리오 4: 인적 경험이 제품이다

특별한 고객 경험은 전적으로 인간적 접촉에 달렸다는 시나리오를 살펴보자. 고객의 구매와 관련해 인간 대 인간의 연결human to human connection이 주요한 동기 요인인 경우가 여기에 속한다. 이 시나리오에서는 기업이 내놓은 상품이 시장에서 성공을 거두느냐 아니냐는 전적으로 공감을 표현하는 능력에 좌우되며, 인간적 접점이 궁극적으로 고객 만족도를 결정한다.

접객 산업이 분명한 사례다. 이 부문에서는 이미 디지털화가 상당 부분 진행됐다. 비즈니스 데이터 통계 플랫폼 스태티스타Statista의 자료를 보더라도, 2022년 여행과 관광 관련 예약의 70%가량이 온라인에서 진행됐다. 특히 팬데믹을 거치면서 대면 상황을 줄이고 모바일 체크인, 디지털 룸키, 스마트룸 기능 같은 비접촉 기술을 채택하는 움직임이 가속화됐다. 그런데 접객은 개인 간 연결이 바탕이 되기에 그런 발전이 사람 간의 상호작용을 대체할 목적으로 이루어지지는 않았다.

세계 최초의 로봇 호텔인 헨나호텔Henn na Hotel의 실패는 접객 산업의 디지털화가 한계에 부딪혔음을 보여줬다. 2015년 일본에서

문을 연 헨나호텔은 초반에는 로봇 직원만 두었다. 그러다가 2019년 기계가 일부 접점을 제대로 지원하지 못하는 문제가 부각되자 경영진이 로봇 직원의 절반을 인간으로 대체했다. 힐튼Hilton과 메리어트Marriott의 일부 지점들도 팬데믹 시기에 비접촉 객실 배달을 위해 로봇을 고용했지만, 투숙객들은 인간의 서비스만큼 만족스럽지 않다는 반응을 보였다.

리츠칼튼Ritz-Carlton을 예로 들어보겠다. 이 호텔에서는 투숙객의 복잡한 요청을 신속히 처리하거나 투숙객에게 기분 좋은 경험을 선사하기 위해 현장 직원이 의사결정 권한을 가진다. 예컨대 각 직원은 고객의 문제를 해결하는 데 최고 2,000달러를 재량으로 지출할 수 있다. 아무리 진보한 인공지능이라도 이처럼 재량에 따른 의사결정은 복제하지 못한다.

또 다른 예가 보건 산업이다. 접객 산업과 마찬가지로 보건 산업은 최근 들어 상당한 디지털 전환을 이뤘다. 예를 들어, 팬데믹 시기에 원격 의료가 탄력을 받아 환자들이 원거리에서도 치료를 받게 됐다. 전자의무기록Electronic Medical Record, EMR을 통해 환자의 정보가 의사들에게 실시간으로 전달되고, 이 데이터를 바탕으로 인공지능이 의사의 진료와 처방을 지원한다. 그뿐만이 아니라 웨어러블 기기와 헬스 트래킹 앱이 환자들에게 건강관리 방법을 알려주기도 한다.

디지털 기술이 이만큼이나 발전했지만, 앞으로도 의사와 간호사를 비롯한 의료 종사자들은 중요한 역할을 할 것이다. 특히 장기 진료에서는 더더욱 그렇다. 의료 시스템 솔루션 제공 업체 카이루스Kyruus가 시행한 설문조사는 환자 중 거의 3분의 2가 앞으로 의료 서비스를 받을 곳을 결정할 때 원격 의료에 대한 접근성을 결정적 요인으로 고려한다는 사실을 보여준다. 그런데도 환자들 대부분은 여전히 장기간 의료 서비스를 받을 때 대면 치료를 선호한다. 의료 종사자들과의 상호작용은 환자들에게 돌봄을 받는다는 느낌을 주고, 안전한 사람에게 맡겨져 있다는 신뢰감을 불러일으킨다.

접객 및 보건 산업에서는 다감각 경험이 서비스의 품질을 결정하는 요인이다. 이 산업에서는 디지털화로 편리함과 효율성이 증진됐어도 양질의 인간 대 인간 경험을 제공하는 일이 여전히 중요하다. 한 가지 흥미로운 점은 관리 업무에 기술을 채택하면, 고객을 대면하는 직원이 고객과의 소통을 확대해 인적 경험이 강화되는 결과로 이어진다는 것이다.

## SUMMARY

오늘날 기업들은 범용화가 매우 빠르게 진행되고 제품 수명주기가 단축되는 문제에 직면했다. 그에 따라 기업들은 오로지 제품을 기반으로 경쟁하기보다는 특별한 고객 경험을 전달하는 데 집중한다. 포괄적인 몰입형 고객 경험의 다섯 가지 요소는 다감각 경험, 상호적 경험, 참여형 경험, 마찰 없는 경험, 스토리텔링 경험으로 구성된다. 이 요소들이 세심히 조합될 때, 고객을 위한 완전한 몰입 경험이 창출된다.

이를 실현하기 위해 기업들은 하이테크high-tech와 하이터치high-touch를 효과적으로 융합해야 한다. 즉 물리적 접점과 디지털 접점의 장점을 파악하고, 몰입형 고객 경험을 손상하지 않으면서 물리적 접점을 디지털 접점으로 대체할 수 있는 시나리오를 찾아야 한다.

### 생각해볼 질문들

- 당신의 회사는 고객과의 상호작용에서 인간적 접촉과 디지털 경험 간 우선순위를 어떻게 설정하고, 양자의 균형을 어떻게 유지하는가? 디지털화가 강화될 때 또는 사람 간 연결이 더욱 친밀해질 때 이익을 얻을 수 있는 영역이 있는가?
- 당신의 회사는 고객 경험 전반을 어떻게 조정하여 몰입감을 높이는가? 이를테면, 다감각 접근 전략이나 마찰 없는 경험을 활용하는가?

MARKETING
6.0
THE FUTURE
IS IMMERSIVE

# 2부

# 마켓 6.0의 촉진 요인과 환경

5장

# 기술 요인 이해하기

메타마케팅을 작동시키는
다섯 가지 원천 기술

물리적 세계와 디지털 세계 모두에 걸쳐 매력적인 경험을 창출한다는 것은 오로지 기술로만 해결할 수 있는 여러 중대한 도전에 직면한다는 의미다. 팬데믹 이후 나타난 트렌드가 보여주는 것처럼, 사람들이 다시 대면 경험을 선택한다는 점이 핵심 도전 중 하나다. 이는 앞으로 몇 년 동안 대다수의 고객 경험이 물리적 세계에서 일어날 가능성이 있음을 의미한다. 그런데 기업들이 수집하는 데이터는 대부분이 디지털 방식이다. 따라서 물리적 세계에서 고객 경험을 포착하여 디지털 데이터로 전환한 다음 실시간 피드백을 제공할 방법을 찾아야 한다.

물리적 세계는 3차원의 공간이며, 이는 고객 경험과 관련한 모든 접점과 상호작용 역시 3차원 공간에서 일어난다는 의미다. 반면 인터넷상의 디지털 경험은 주로 2차원의 스크린에 한정된다. 따라서 가상의 경험을 3차원의 경험으로 전환하여 물리적 경험과 디지털 경험을 매끄럽게 통합할 방법을 개발해야 한다.

나아가 몰입 경험을 창출하기 위해서는 대중을 이해하고 인구통계학적 프로필부터 행동에 이르기까지 포괄적 정보를 수집해야

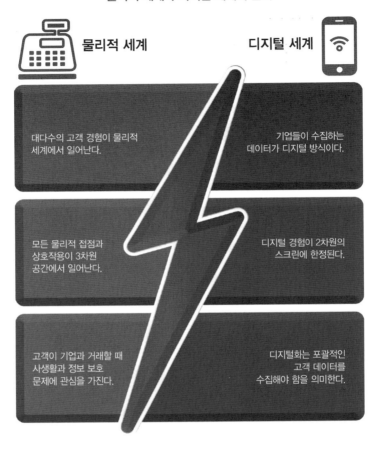

물리적 세계와 디지털 세계의 분리

**물리적 세계**

**디지털 세계**

대다수의 고객 경험이 물리적 세계에서 일어난다.

기업들이 수집하는 데이터가 디지털 방식이다.

모든 물리적 접점과 상호작용이 3차원 공간에서 일어난다.

디지털 경험이 2차원의 스크린에 한정된다.

고객이 기업과 거래할 때 사생활과 정보 보호 문제에 관심을 가진다.

디지털화는 포괄적인 고객 데이터를 수집해야 함을 의미한다.

[그림 5.1] 물리적 경험과 디지털 경험을 융합하기 위해 극복해야 할 세 가지 도전

한다. 이 대목에서 사생활과 정보 보호 문제가 제기되므로, 몰입 경험을 개발하고 전달할 보다 안전한 인프라를 구축해야 한다.

이번 장에서는 기업들이 이 도전을 극복하고 몰입형 메타마케팅 능력을 강화하는 데 도움이 될 다섯 가지 원천 기술을 들여다본다. 이 기술들은 다음과 같다.

- 데이터를 수집하는 사물인터넷
- 데이터를 가공하는 인공지능
- 경험 모델링을 위한 공간 컴퓨팅
- 인터페이스를 위한 증강현실과 가상현실
- 인프라로 쓰이는 블록체인

## 데이터를 수집하는 사물인터넷

지금은 컴퓨터와 휴대전화만이 아니라 사실상 모든 사물을 인터넷에 연결할 수 있다. 각종 기계, 기기, 자동차, 물건, 심지어 사람이 네트워크를 통해 연결되어 상호작용할 수 있다. 이 상호연결성을 표현할 때 사용하는 용어인 사물인터넷 덕에 지난 10여 년 동안 자동화가 상당 부분 앞당겨졌다.

사물인터넷 기기에는 대개 센서가 부착되며, 이 센서가 주변의 물리적 환경에서 데이터를 수집해 유용한 실시간 정보로 전환한다. 이 센서는 자동차와 사물의 위치 추적, 스마트 홈의 온도 모니터링 등 다양한 응용 분야에 활용된다. 예를 들어 소매 환경에서는 각종 센서가 매장 내 사람과 사물의 움직임을 감지한다. 스마트워치와 피트니스 트래커를 비롯한 웨어러블 기기에 내장된 센서들은 신체 활동 수준과 수면의 질 등 다양한 건강 지표를 측정하고, 추락이나 충돌 등의 응급 상황을 감지한다.

사물인터넷 기기 중에는 역으로 작동하는 액추에이터actuator를 갖춘 기기들도 있다. 센서가 환경 조건을 감지해 디지털 데이터로 전환하는 반면, 액추에이터는 디지털 데이터를 물리적 동작으로 전환한다. 그에 따라 사용자들이 사물인터넷 기기를 제어하고, 센서가 수집한 데이터를 기반으로 특정한 동작을 자동화할 수 있다. 예를 들어, 스마트 홈에 거주하는 사람은 사물인터넷을 이용해 기상 상태에 따라 원격 또는 자동으로 온도를 제어할 수 있다. 유통업에 종사하는 사람들도 사물인터넷을 활용할 수 있다. 매장의 특정 통로를 지나가는 고객들에게 인앱 프로모션 알림을 보내는 것이 대표적인 예다.

매킨지는 산업 전반에 걸쳐 사물인터넷이 가진 글로벌 경제 잠재력이 2030년경 5조 5,000억 달러에서 12조 6,000억 달러 규모에 이를 것으로 전망했다. 사물인터넷은 제조시설의 운영과 유지를 자동화할 뿐 아니라 몰입형 고객 경험을 생성해 가치를 창출할 것이다.

물리적 환경을 관찰하고 제어하는 사물인터넷은 물리적 세계와 디지털 세계를 연결하는 가치 있는 기술이 됐다. 그래서 사물인터넷은 소매점 외 고객의 집과 사무실, 자동차 등 물리적 장소에서 몰입 경험을 창출하는 원천 기술이라고 할 수 있다. 사물인터넷을 이용해 온라인 기능을 오프라인 장치에 연결하면, 디지털 경험을 아주 원활히 체험할 수 있다.

결과적으로 사물인터넷은 마케터들에게 온·오프라인의 요소들을 원활히 혼합하는 혁신적인 마케팅 캠페인을 계획하고 실행할 기회를 선사한다. 세계적인 화장품 브랜드 니베아Nivea가 진행한 'The Protection(보호)' 캠페인이 좋은 예다. 광고가 인쇄된 잡지는 해변에서 노는 아이들을 자외선으로부터 보호한다는 니베아의 약속을 집중적으로 조명하며, 쉽게 떼어낼 수 있는 얇은 팔찌를 포함하고 있다. 아이들이 손목에 두를 수 있는 이 팔찌는 니베아의 모바일 앱과 동기화된다. 만약 아이가 해변에서 너무 먼 곳까지 가면 모바일 앱이 부모에게 알림을 보내므로, 자녀가 안전한 위치에서 놀고 있는지 확인할 수 있다.

하이네켄Heineken도 2022년에 니베아와 유사한 캠페인을 개시했다. 이 캠페인에서는 옛날 방식의 병따개 모양에 하이네켄 로고가 새겨진 'The Closer(더 클로저)'라는 사물인터넷 기기를 지급했다. 더 클로저로 하이네켄의 병을 따는 순간, 이 기기와 연결되어 있는 업무용 앱이 작동을 멈춘다. 일테면 노트북이 자동 종료된다. 하이네켄은 이 캠페인으로 일과 개인 삶의 균형을 실현하고자 했으며, 직장인들이 여가 시간을 즐기도록 독려했다.

사물인터넷을 이용해 몰입 경험을 제공하는 대표적인 사례로 유통 및 외식 산업의 근접 마케팅proximity marketing을 들 수 있다. 월마트, 타깃, 맥도날드와 같은 대기업들은 사물인터넷 비콘beacon을 활용해 근접 마케팅을 펼친다. 즉 비콘이 근거리의 위치 정보를 감지하는 도구로 작동한다. 비콘을 통해 소매 매장에서 고객의 위치가 감지되면 고객의 모바일 앱 알림을 통해 맥락화되고 개인화된 광고 메시지가 전달된다.

여기서 가장 중요한 사실은 비콘이 데이터 수집 도구로 작동한다는 것이다. 소매 업체들은 비콘을 통해 온라인과 오프라인 채널 전반에서 고객 인사이트customer insight를 수집해 활용할 수 있다. 이를테면, 매장 입구 근처나 모든 제품 전시 구역에 비콘을 설치하는 등 매장에 비콘을 전략적으로 배치하여 고객을 빈틈 없이 추적할 수 있다. 트래픽 패턴을 분석해 가장 적절한 광고 시간대를 정하고, 고객의 움직임을 관찰해 매장 배치를 개선하기도 한다.

이 기술은 또한 소매 업체들이 크로스 채널 마케팅cross-channel marketing에서 어떤 채널이나 접점이 고객의 구매나 행동을 유도 했는지 정확히 파악하게 해준다. 이를 마케팅 어트리뷰션marketing attribution이라고 하며, 소매 업체들은 특정한 목적을 향한 고객 여 정에서 다양한 마케팅 채널이 각각 어떤 영향을 미쳤는지 파악할 수 있다. 또한 마케터들은 온라인과 오프라인에서 사물인터넷과 상호작용하는 고객을 추적하는 것은 물론, 검색 엔진이나 소셜 미 디어 광고의 영향으로 물리적 매장 방문이나 후속 구매가 일어났 는지 어떤지를 평가할 수 있다.

사물인터넷은 몰입형 고객 경험이 전달되는 과정에서 실시간 데이터를 수집하는 데 핵심 기능을 한다. 디지털화가 확대되고 있 긴 하지만, 여전히 대부분의 고객 경험은 물리적 공간에서 일어난 다. 이는 대다수의 접점이 오프라인에 있다는 의미다. 과거부터 마 케터들은 이와 같은 오프라인 접점을 파악하고자 광범위한 시장 조사에 치중했다. 그런데 이제는 사물인터넷이 오프라인 접점을 온라인으로 전환하는 새로운 솔루션을 제공하기에 마케터들이 고 객 여정의 완전한 그림을 실시간으로 수집할 수 있다.

# 데이터를 가공하는 인공지능

인공지능은 인간의 인지 능력을 모방하는 컴퓨터의 능력을 의미하는데, 문제 해결과 같이 대개 인간의 지능과 흡사한 능력이 요구되는 작업을 수행한다. 인간의 지능과 마찬가지로 인공지능은 학습하고 정보를 가공하면서 발전한다.

　머신러닝machine learning은 이 과정을 모방하기 위한 인공지능의 한 분야다. 정리되지 않은 데이터세트들을 끊임없이 가공함으로써 컴퓨터가 패턴을 식별하고 알고리즘(데이터세트들을 연결하는 규칙)을 만들어내도록 훈련한다. 인공지능은 이 알고리즘으로 행동을 예측하고 추천한다. 인간과 마찬가지로 인공지능도 데이터를 통해 학습하고, 성공했거나 실패한 예측을 분석하면서 시간이 갈수록 발전한다.

　오늘날 인공지능은 마케터들이 다양한 목표를 달성하기 위해 사용하는 표준 도구가 됐다. 가장 기본적인 용도라고 하면, 고객을 위한 저비용의 디지털 인터페이스를 개발하는 것이다. 인공지능으로 특히 효과를 볼 수 있는 분야인데, 마케터들은 인공지능으로 작동하는 챗봇을 만들어 판매와 고객서비스 과정에서 발생하는 고객의 기본적인 질문에 대한 응답을 자동화한다. 이렇게 하면 인간은 더 복잡하고 가치가 높은 상호작용에 집중할 수 있다.

마케터들은 무대 뒤에서 인공지능을 이용해 고객 행동을 예측한다. 거래 기록 데이터를 기반으로 구축된 인공지능 알고리즘을 이용해 마케터들은 구매에 나설 가능성과 생애 가치lifetime value가 높은 고객을 식별할 수 있다. 더욱이 인공지능은 제품의 어떤 기능이 시장에서 인기를 끌지를 예측하고, 특정한 고객에게 이전 구매를 기반으로 후속 제품을 추천할 수 있다. 이로써 결과적으로 고객 경험이 향상된다.

식음료 제조 업체 펩시코는 특별한 구매, 소비 경험을 보장하고자 지난 몇 년 동안 마케팅 활동에 인공지능을 적극적으로 도입했다. 인공지능을 이용해 각 소매 채널 파트너에게 적합한 플래노그램planogram(고객의 구매 행동을 고려한 상품진열도-옮긴이)을 만들어낸 것이 대표적인 사례다. 고객의 구매를 최대한 유도하려면 선반이나 진열대에 상품을 눈에 잘 띄게 배치해야 한다는 생각에서 출발한 것으로, 판매 담당자가 매장 선반을 촬영하면 이를 인공지능이 분석해 플래노그램을 만들어낸다.

펩시코는 또한 인공지능을 활용하여 소비자들이 일관된 경험을 하도록 보장했다. 일례로 인공지능이 치토스Cheetos의 품질을 일관되게 유지하는데, 제품의 질감부터 바삭함, 입안의 융점, 불룩한 부위의 곡선, 치즈 코팅의 양까지 소비자들의 기대에 부응했다.

또한 펩시코는 인공지능을 활용해 소셜 미디어에서 발생한 수

백만 건의 대화를 분석했으며, 고객 선호도의 변화를 신속히 감지했다. 그 덕분에 시장에 신제품을 출시하는 기간을 몇 년에서 몇 개월로 대폭 단축했다. 오프 디 이튼 패스의 해조류 과자, 프로펠의 면역력 강화용 생수, 버블리Bubbly의 과일맛 탄산수가 인공지능 엔진이 식별해낸 트렌드를 바탕으로 개발됐다.

프롬프트prompt(챗GPT에 입력하는 단어나 문장 등의 명령어-옮긴이)에 대응해 텍스트와 이미지, 동영상을 생성할 수 있는 인공지능 시스템의 일종인 생성형AIGenerative AI도 광고와 콘텐츠 마케팅에서 활용된다. 오픈AI의 챗GPT와 달-EDALL-E가 대표적인 예다. 생성형AI는 마케팅 캠페인을 신속히, 그리고 대규모로 제작할 때 도움이 된다. 또한 미시적 수준에서 개인화된 마케팅이 가능하고, 이를 대중의 공감을 끌어내는 캠페인 스토리텔링으로 연결할 수 있다.

영국의 제과 업체 캐드버리Cadbury가 팬데믹 여파로 어려움을 겪는 인도의 지역 상점을 돕고자 진행한 #NotJustACadburyAd 이니셔티브가 생성형AI를 적용한 아주 좋은 사례다. 이 캠페인에서는 생성형AI 기술을 도입해 인도 최고의 인기 배우이자 브랜드 홍보대사 샤룩 칸Shah Rukh Khan의 얼굴과 음성을 재현해 그가 지역 상점들의 이름을 언급하며 홍보해주는 영상을 만들었다. 소규모 자영업자들은 자신들의 버전으로 합성 광고를 만들어 이 캠페인에 참여했다. 이렇게 서로 다른 버전으로 13만 개의 광고가 만들어졌으며, 다양한 소셜 미디어 플랫폼에서 9,400만 뷰를 기록했다.

몰입형 마케팅에서 인공지능의 가장 결정적인 역할은 실시간의 맥락화된 경험을 만들어낸다는 것이다. 즉, 인공지능은 마케터들이 시장을 가장 작은 단위(개인화된 일대일 마케팅 대상인 개별 고객)로 세분화하게 해준다. 인공지능의 가장 큰 장점은 실시간으로 작동하면서 사물인터넷으로부터 끊임없이 데이터를 수집하고 고객에 대해 학습해 가장 적합한 제품이나 콘텐츠를 즉각 제공하는 능력이다. 이를 활용함으로써 마케터들은 맥락에 부합하는 몰입 경험을 끊임없이 창출할 수 있다.

한편, 엣지AI edge AI(엣지 컴퓨팅과 인공지능)의 출현으로 인공지능의 처리 속도가 훨씬 더 빨라졌다. 이 기술은 원격 데이터 센터(클라우드 컴퓨팅)보다는 사물인터넷 데이터 수집 장치(엣지 컴퓨팅) 가까이에서 데이터가 처리되게 한다. 이렇게 하면 더 많은 양의 데이터가 더 빨리 처리되어 실시간 작업이 가능해진다.

소매점 내 디지털 머천다이징 및 디지털 미디어 광고에서 뛰어난 역량을 보이는 쿨러스크린스Cooler Screens가 좋은 사례다. 2019년 쿨러스크린스는 미국 최대 약국 체인 월그린스Walgreens와 협업해 사물인터넷과 엣지AI를 결합한 냉장고를 선보였다. 이 똑똑한 냉장고는 안면 탐지, 시선 추적, 모션 센서 기능을 탑재하고 있어서 냉장고 앞에 서 있는 개인의 정보 및 관심 사항과 관련한 정보를 수집한다. 그런 후 냉장고 유리문에 개인화된 제품을 추천하고 광고를 표시한다.

쿨러스크린스는 2023년까지 크로거Kroger, 서클K Circle K, CVS 등의 소매 업체에 1만 개가 넘는 스크린을 설치했다. 여기서 그치지 않고 다른 공간의 표면에도 스마트 스크린을 설치하여 매우 몰입도 높은 매장 내 경험을 창출하는 등 매장 곳곳에서 맥락 마케팅 contextual marketing을 확대해나가고 있다.


## 경험 모델링을 위한 공간 컴퓨팅

공간 컴퓨팅은 인간이 자신을 둘러싼 환경에서 다양한 사물과 상호작용하고 작업을 최적화하게 하는 기술이라고 할 수 있다. 욕실에 들어가면 자동으로 불이 켜지는 시스템이나 작업자가 물건을 올리면 자동으로 작동하는 컨베이어벨트가 쉽게 볼 수 있는 사례다.

공간 컴퓨팅은 보통 디지털 트윈digital twin을 구축하는 일에서 시작된다. 디지털 트윈은 물리적 자산을 가상의 환경에서 3D 모델로 정확히 구현한 디지털 복제품을 말한다. 원본의 모습과 기능이 그대로 복제되며, 현실 세계에서의 모델링과 시뮬레이션에 주로 활용된다.

상점·공장·건물·스마트 시티 등을 디지털 트윈으로 구축하면 인사이트를 생성하고, 개선 계획을 수립하고, 해당 공간 내의 경험을 설계하는 데 도움이 된다. 중국의 상하이는 말할 것도 없고 싱가포르처럼 작은 국가도 이미 3D 디지털 트윈을 통해 차량 흐름을 관찰하고, 새로운 개발계획을 수립하고, 재난관리를 시뮬레이션하는 등 다양한 목적으로 활용하고 있다.

공간 컴퓨팅은 3D 디지털 트윈을 이번 장에서 소개하는 몇몇 핵심 기술과 통합한다. 우선 사물인터넷은 물리적 세계에서 디지털 트윈으로 정보를 전송할 때 필요하다. 일테면 사물인터넷이 수집한 상하이의 교통 데이터는 디지털 트윈으로 모델링된 다음 실시간으로 분석된다. 데이터 트윈 기술은 이 대량의 센서 데이터를 인공지능을 이용해 처리하고 데이터의 패턴을 식별하여 실행 가능한 인사이트를 생성한다. 그에 따라 정부는 시각화와 시뮬레이션은 물론 디지털 트윈에서 개선책을 만들어 현실 세계에서 구현할 수 있다.

도시보다 더 작은 규모로는 미국풋볼리그의 구장 중 하나인 소파이 스타디움SoFi Stadium을 들 수 있다. 디지털 트윈을 갖춘 덕분에 특히 슈퍼볼Super Bowl과 같은 주요 대회 기간에 관객의 경험을 높은 수준으로 끌어올릴 수 있었다. 온도가 높아진 구역을 감지하여 즉시 문제를 해결한 것이 좋은 예다. 디지털 트윈은 구장 관리자에게도 매우 도움이 되는데, 경기장 곳곳의 다양한 장소에서 일하는 수많은 직원을 능률적으로 운영할 수 있기 때문이다.

공간 컴퓨팅은 경험을 시뮬레이션하는 핵심 기술로 기업의 계획 수립 능력을 강화하는 토대가 된다. 특히 몰입형 고객 경험을 개발할 때, 고객 경험을 이론상으로 설계하기보다 설계한 경험을 공간 컴퓨팅을 통해 시각적인 3D 시뮬레이션으로 만들 수 있다.

물리적 인터페이스와 디지털 인터페이스를 매끄럽게 혼합해 몰입형 고객 경험을 전달할 때도 공간 컴퓨팅이 반드시 필요하다. 패션·미용 산업을 예로 들면, 공간 컴퓨팅이 적용된 소매점에서 고객은 매우 상호적이고 몰입도 높은 쇼핑 경험을 할 수 있다. 공간 컴퓨팅을 활용한 좋은 사례로 랄프로렌Ralph Lauren, 아메리칸이글 아웃피터스American Eagle Outfitters, COS 같은 패션 브랜드들이 운영하는 스마트 피팅룸을 꼽을 수 있다.

스마트 피팅룸은 공간 컴퓨팅을 이용해 고객이 피팅룸에 들고 온 옷이나 장신구를 즉시 인식하고 고객에게 어울리는 의류와 스타일을 추천한다. 고객은 3D 시각화를 통해 다양한 각도에서 가상으로 옷을 착용해볼 수 있다. 심지어 매장에 없는 옷을 가상으로 입어보고 주문해서 배달받기도 한다.

가상 착용은 미용 전문 소매 업체들 사이에서도 유행한다. 세포라가 운영하는 버추얼 아티스트Virtual Artist 앱이 대표적이다. 고객은 스마트폰을 이용하거나 매장을 방문해서 앱에 접속해 사진을 촬영하는 방식으로 화장을 가상으로 체험해볼 수 있다. 이와 마찬가지로 로레알도 스타일 마이 헤어Style My Hair 라는 모바일 앱을 제공한다. 고객은 이 앱을 이용해 다양한 헤어 스타일과 색상을 가상으로 체험할 수 있다.

이런 경험을 전달하기 위해 적용된 공간 컴퓨팅은 증강현실과 가상현실 등의 인터페이스 기술과 관련이 있다.

## 인터페이스를 위한 증강현실과 가상현실

물리적 세계와 디지털 세계가 결합하는 몰입 경험을 개발할 때는 인간이 기계와 상호작용하는 방식을 탐구하는 인간-기계 인터페이스 분야에 상당한 영향을 받는다. 사람들은 3차원의 물리적 세계를 살아가지만, 기술 및 디지털 콘텐츠와의 상호작용은 대부분 2차원의 스크린에서 일어난다. 그래서 이 간격을 메우는 것을 목표로 하는 증강현실과 가상현실 같은 3차원 기술이 최신 인터페이스 트렌드를 이룬다.

증강현실과 가상현실은 모두 공간 컴퓨팅이 적용되는 기술이다. 가상현실 기술은 사용자의 시야를 가리는 헤드마운트 디스플레이를 통해 사용자가 바라보는 물리적 세계를 시뮬레이션된 가상의 환경으로 대체한다. 그 결과 완전히 몰입되는 경험이 생성되어 사용자는 자신을 둘러싼 물리적 환경과 더는 상호작용하지 않게 된다.

반면 증강현실은 사용자의 시야가 가로막히지 않은 상태로 디지털 콘텐츠를 중첩한다. 사용자들은 흔히 스마트폰이나 특수 제작된 안경을 착용한 채로 증강현실을 체험한다. 그래서 주변의 물리적 환경을 계속 인지하고 그에 참여하면서 디지털 콘텐츠와 상호작용하게 된다. 이때 사용자가 보는 것은 부분적으로는 디지털 세계이고, 부분적으로는 현실이다. 쉽게 말해, 가상현실은 완전한 디지털 몰입형 환경을 생성하는 반면 증강현실은 물리적 경험과 디지털 경험을 결합한다.

증강현실과 가상현실은 모두 몰입도 높은 경험을 생성한다. 특히 디지털 트윈 기술과 결합할 때, 증강현실과 가상현실의 디지털 요소가 더욱 현실성을 나타낸다. 예를 들어 증강현실에서는 디지털 트윈을 이용해 가상의 객체를 물리적 특성에 정확히 일치시키는 방식으로 현실 환경에 투사할 수 있다. 가상현실에서는 디지털 트윈이 건물, 자동차, 도시 등 실제 세계의 환경을 정확하고 현실적으로 시뮬레이션한다.

증강현실과 가상현실 기술의 등장으로 사람들이 디지털 콘텐츠와 상호작용하는 방식이 변화하고 있는데, 두 기술의 궤적에는 차이점이 있다. 가상현실 기술은 일반 고객이 일상에서 사용하기에는 비용이 많이 들고 불편하기도 해서 주로 기업용으로 사용된다. 구체적으로 보자면 외과 의사·조종사·용접기사 등이 주고객이며, 특히 고객서비스 담당자를 위한 교육 등 롤플레이와 기술 훈련 체험이 요구되는 교육 분야에서 자주 쓰인다.

실제 사례로 월마트는 가상현실을 통해 100만 명이 넘는 현장 직원들을 교육한다. 월마트는 온라인 주문 상품을 찾아갈 수 있는 대형 키오스크인 픽업 타워The PickUp Tower를 운영하고 있는데, 직원들이 가상현실 교육을 통해 이 픽업 타워의 운영 방법을 배운다. 과거에만 해도 이런 훈련을 거치려면 꼬박 하루가 걸리는 사내 교육을 받아야 했다. 그런데 가상현실 기술이 구현되면서 교육 효과가 떨어지는 일 없이 훈련 시간이 단 15분으로 단축됐다.

이와 달리 증강현실은 소비자 접근성이 더 뛰어나고 마케팅 활성화에 더 도움이 된다. 증강현실의 흥행은 어느 정도는 포켓몬고와 같은 게임이 흥행한 데 영향을 받았다. 이 게임에서 플레이어들은 가상의 존재와 상호작용하는데, 그 대상은 모바일 앱에 나타날 때 마치 실제 환경에 존재하는 것처럼 보인다.

증강현실과 가상현실의 진정한 이점은 언제 어디서나 스마트폰에서 사용할 수 있고, 물리적 환경뿐만 아니라 디지털 환경과 상호 작용할 수 있다는 사실에 있다.

증강현실은 고객 여정의 발견 단계에서 제품 전시 및 시연과 관련해 혁명적인 변화를 불러일으키고 있다. 고객은 제품을 구매하기 전에 실제 환경에서 제품의 외관과 기능을 가상으로 체험함으로써 확신 있게 의사결정을 내릴 수 있다. 증강현실 기술은 미용부터 신발, 가구에 이르기까지 다양한 산업 전반에 적용할 수 있다. 크리니크Clinique, 반스Vans, 이케아 같은 브랜드들은 증강현실을 이용해 표적 집단을 위한 완벽한 맞춤화 옵션과 함께 3차원으로 자사 제품을 선보인다.

증강현실과 가상현실의 장점은 흔히 혼합현실Mixed Reality, MR과 결합한다. 증강현실이 디지털 콘텐츠를 물리적 세계에 중첩하는데 비해, 혼합현실은 여기서 한 단계 더 나아가 디지털 요소가 물리적 공간과 상호작용하게 하여 한층 더 몰입도 높은 경험을 창출한다. 혼합현실은 증강현실과 완전한 몰입형의 가상현실 사이에 자리하며, 가상현실에서 사라지는 현실 세계의 맥락을 유지하면서 증강현실보다 더 복합적인 피지컬-디지털 상호작용을 불러일으킨다.

마케팅에 혼합현실을 적용한 사례로 북미아이스하키리그 플레이오프 경기에서 패스트푸드 체인 치폴레Chiptle가 자이언트 부리

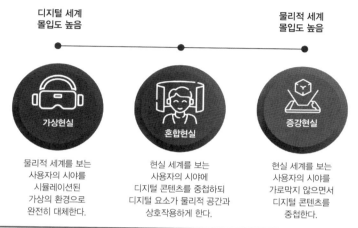

[그림 5.2] 피지컬-디지털 인터페이스의 범위

토Giant Burrito를 생중계로 광고한 일을 들 수 있다. 이 광고는 생방송 프로그램과 원활히 조화를 이루면서 소니의 대형 스크린 점보트론jumbotron을 통해 디지털 콘텐츠를 송출하여 환상적인 장면을 만들어냈다. 치폴레 상표가 붙은 잼보니Zamboni(실내 아이스링크의 표면을 고르는 정빙기의 상표명-옮긴이)가 얼음 위로 거대한 자이언트 부리토의 그릇을 밀어서 가져오자, 장갑을 낀 거대한 손이 얼음을 깨고 나와 그릇을 움켜쥐는 모습이 연출된 것이다. 현실 세계에 중첩된 디지털 콘텐츠와 실제 아이스링크 간의 상호작용을 보여준 사례다.

P&G도 질레트 스타디움에서 미국풋볼리그 경기가 열리기 전 치폴레와 유사한 혼합현실 광고를 실행했다. 사람들은 생방송이 진행되던 중 미드필드에서 거대한 가상의 면도기가 만들어지는 모습을 볼 수 있었다.

이처럼 몰입형 기술 인터페이스는 디지털 콘텐츠와 메시지를 현실 세계의 맥락과 원활히 연결한다. 팬데믹 이후 고객이 생방송 행사 장소와 물리적 공간으로 돌아오자 이런 하이브리드 몰입 경험이 광고주들 사이에서 하나의 트렌드가 됐다.

## 인프라로 쓰이는 블록체인

최근 들어 블록체인이 주요한 혁신 기술로 부상하면서 기업의 사업 추진 방식도 변화하고 있다. 기술 전문가들 사이에서는 블록체인이 인공지능의 뒤를 잇는 게임 체인저로 주목받고 있다. 인공지능이 유행하면서 사생활 침해 문제가 불거지기도 했는데, 이는 블록체인 기술을 통해 자연히 해소될 것으로 보인다. 고객이 인터넷과 상호작용하는 데 블록체인이 안전한 인프라가 되기 때문이다.

핵심부터 말하면, 블록체인은 중앙에 집중되는 방식이 아니라 암호화된 데이터가 다수의 컴퓨터에 저장되는 분산형 데이터베이스다. 네트워크에 있는 각각의 컴퓨터에 전체 데이터베이스의 사본이 저장되고, 데이터베이스에 변화가 있을 때마다 모든 컴퓨터에서 승인되어야 하기에 사이버 공격과 사기 범죄로부터 매우 안전하다. 또한 네트워크 내의 모든 컴퓨터에서 모든 데이터를 확인할 수 있어서 거래의 투명성도 높다.

이렇게 안전하고 투명한 시스템을 제공하기에 블록체인에는 거래를 중재하거나 조정하는 중개자가 불필요하며, 거래 당사자 간 직접 거래가 가능하다. 그에 따라 거래 전반의 효율이 높아지고, 가상의 품목 및 무형 자산과 같은 다양한 자산도 쉽게 거래할 수 있다.

블록체인은 주로 대부분의 백엔드 비즈니스 앱과 함께 인프라 기술로 이용된다. 대표적 사례로 월마트를 들 수 있다. 이 회사는 외부 운송 업체의 송장과 결제를 관리하기 위해 블록체인 기술을 도입했는데, 70%가 넘던 송장 분쟁이 1% 미만으로 대폭 줄었다.

마케팅 영역에서는 광고주부터 미디어 게시자에 이르기까지 관계자들 사이에서 일어나는 일련의 거래를 추적하고 효율이 떨어지는 부분을 식별하는 데 블록체인 기술을 활용한다. 예컨대 토요타는 블록체인을 활용해 광고 사기를 방지하고 광고 제작 비용을 투명하게 관리함으로써 전체 관리비를 30~35% 절감했다.

프런트엔드에서 블록체인을 구현하는 문제는 현재까지도 논란의 소지가 있다. 중개자 없이 거래를 원활히 하게 해주는 블록체인의 기능은 암호화폐cryptocurrency와 대체불가토큰Non-Fungible Token, NFT 등의 획기적인 개념을 낳았다. 암호화폐는 정부나 은행 같은 중앙 기관 없이 운영되는 디지털 화폐다. 대다수의 암호화폐는 효율적인 거래를 가능케 한다는 이점이 있지만, 내재가치가 부족해 투기성과 변동성이 매우 높다.

그리고 NFT는 자산 소유권을 인정하는 고유한 디지털 인증서를 말하는데, NFT를 사용하는 문제 역시 논란의 소지가 있다. NFT는 예술 작품, 사진, 동영상, 오디오 등의 디지털 파일 소유권을 블록체인에 기록한다. 이 자산들은 거래가 가능하며, 자산이 재판매될 때 원래 소유자에게 로열티가 지급되도록 계약 조건을 설정할 수도 있다. 그렇지만 암호화폐와 비슷하게, NFT가 적용된 디지털 수집품과 예술 작품은 투기성 자산으로 비합리적인 가격에 거래되는 사례가 흔하다.

블록체인(특히 암호화폐와 NFT)은 몰입형 메타버스 경험의 중심에 있다. 메타버스는 시뮬레이션된 몰입형 가상 세계로, 사용자들은 마치 물리적 세계에서 활동하는 것처럼 다양한 활동에 참여할 수 있다. 메타버스는 오락을 위한 가상의 게임 플랫폼으로 보이기도 하지만, 블록체인 기술을 기반으로 하면 가상 상품을 교환하기 위한 화폐와 상업 시스템을 갖춘 완전히 기능적인 경제로 작동한다.

사용자들은 암호화폐를 이용해 메타버스에서 땅, 자동차, 옷 등의 디지털 자산을 거래할 수 있으며 모든 소유권은 NFT를 통해 인증된다.

선도적인 기업들은 메타버스에서 입지를 강화하고자 이미 투자에 나섰다. 발 빠르게 움직인 기업 중에서 대표적으로 코카콜라는 2021년 메타버스에 NFT 기반 수집품을 출시했다. 빈티지 냉장고, 버블 재킷, 사운드 비주얼라이저, 다감각적 요소와 함께 역동적으로 움직이는 우정 카드까지 다양한 항목으로 구성된 NFT 기념품 모음을 배포한 것이다. 메타버스에서 최고 입찰자는 코카콜라 병 제품이 비치된 실제 냉장고도 받을 수 있다. 이처럼 코카콜라는 디지털 제품에 실제 수집품을 연결하는 것을 목표로 하고 있다.

나이키도 나이키랜드Nikeland를 통해 메타버스에 진출했다. 비디오게임 플랫폼상에 존재하는 가상의 세계인 나이키랜드는 몰입형 3D 공간으로, 나이키 본사를 배경으로 한다. 이곳에서 사용자들은 개인 아바타를 만들어 게임에 참여하고, 오프라인에서의 움직임을 게임에 그대로 적용할 수 있다.

나이키는 한 걸음 더 나아가 블록체인 기반 가상의 커뮤니티이자 마켓플레이스인 '닷스우시.Swoosh'를 구축했다. 이 공간에서 크리에이터들은 신발이나 티셔츠 같은 가상의 제품을 협업하여 만들고, 실제 제품을 접하고, 운동선수나 디자이너들과 사적인 이야기를 나누기도 한다. 최근에는 메타버스용 가상 운동화를 만드는 스타트업 RTFKT를 인수했는데, 나이키의 협업이 물리적 세계와 디지털 세계를 통합하는 방향으로 큰 걸음을 내디뎠음을 의미한다. 두 회사는 머지않아 실물 신발로 출시할 가상 디자인을 만들고 있다.

블록체인 기반 몰입형 메타버스는 지금도 계속 발전하고 있고, 수많은 브랜드가 꾸준히 메타버스 실험에 나서고 있지만 가야 할 길은 여전히 멀다. 이는 수년 동안 논란의 소지가 있었던 인공지능의 발전 과정과 유사하다. 인공지능의 옹호자들이 인공지능이 주는 수많은 혜택을 강조하는 반면, 회의론자들은 사생활 보호 문제와 인공지능의 불완전한 특성을 지적했다. 하지만 얼마 전 챗GPT가 출현했다는 사실만으로도 인공지능은 중대한 전환점에 도달한 것이 분명하며, 실제로 광범위한 분야에서 활용되고 있다.

블록체인 기반 메타버스의 잠재력은 단기간에 나타나지 않겠지만, 메타버스의 미래가 유망하다는 점에는 의심의 여지가 없다. 메타버스에서 실험에 나선 브랜드들은 젊은 세대가 메타버스에 매우 관심이 많다는 사실을 발견했다. 한마디로 메타버스는 이 고객을 위한 3차원 몰입형 소셜 미디어 플랫폼이다. 이런 이유로 젊은 세대의 관심을 사로잡으려는 브랜드들이 여전히 메타버스를 신중히 채택하고 있다.

## 메타마케팅의 기술 촉진 요인

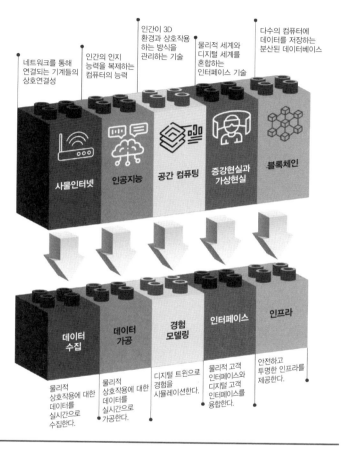

[그림 5.3] 메타마케팅을 작동시키는 다섯 가지 원천 기술

## SUMMARY

물리적 경험을 디지털 데이터로 전환하고, 가상의 경험을 3차원의 경험으로 바꾸고, 사생활을 지키고 보안을 확실히 하는 등 물리적 세계에 디지털 세계를 입혀 몰입 경험을 생성하기까지는 다양한 도전 과제에 직면하게 된다. 그래도 이 문제들은 다섯 가지 기술(그림 5.3 참고)을 활용해 풀어나갈 수 있다.

사물인터넷과 인공지능은 실시간으로 물리적 상호작용을 감지하고 관련 데이터를 가공한다. 그다음 증강현실과 가상현실 같은 공간 컴퓨팅과 몰입형 인터페이스는 기업들이 3차원의 디지털 경험을 물리적 경험과 순조롭게 혼합하도록 해준다. 마지막으로 블록체인 기술은 몰입형 고객 경험을 위한 안전하고 투명한 인프라를 제공해 사생활 보호와 보안 문제를 해결한다.

### 생각해볼 질문들

- 당신의 회사는 물리적 세계와 디지털 세계를 결합하는 몰입 경험을 생성하기 위해 다섯 가지 원천 기술을 어떻게 활용하고 있는가?
- 블록체인 기술을 활용해 메타버스를 구축하는 추세가 앞으로 몇 년 안에 중대한 전환점에 도달할 수 있을까? 가상으로만 존재하는 고객 경험이 미래에도 주목받을 수 있을까?

# MARKETING
## 6.0
### THE FUTURE
### IS IMMERSIVE

6장

# 확장현실 구축하기

## 현실 세계에서 체험하는 몰입 경험

오늘날 전자상거래가 엄청난 성장세를 보이고 있긴 하지만, 판매에서 우세한 위치를 점하는 건 여전히 오프라인 소매 유통 채널이다. 미국 상무부 발표에 따르면 2022년 미국의 전체 소매 판매에서 전자상거래의 점유율이 15% 미만에 불과했다는 사실도 이를 뒷받침한다. 앞서 언급했듯이 유로모니터 발표에 따르면, 세계 최대 전자상거래 시장인 중국도 전체 소매 판매에서 전자상거래의 비중이 여전히 30% 미만에 머물고 있다.

애플과 아마존 등의 거대 기술 기업들도 이 트렌드를 인식하고 오프라인 전략을 우선시하고 있다. 제품에 고객 경험 중심의 철학을 녹인 것으로 유명한 애플은 자사의 철학을 오프라인 매장으로 확장하고 있다. 부동산 전문 분석 업체 코스타CoStar의 보고서에 따르면, 1평방피트당 매출에서 2,900달러로 2위를 기록한 티파니앤코Tiffany & Co.에 비해 애플은 5,500달러라는 인상적인 실적을 내면서 소매 업체 중 연간 최대 매출액을 달성하는 영예를 차지했다.

한편, 아마존은 오프라인 매장에서의 입지를 끊임없이 분석하고 강화하고 있다. 2017년 미국 최대 유기농 식품 체인인 홀푸드를 인수한 사례가 이런 노력을 증명한다. 사상 최대의 인수를 단행한 아마존은 많은 지역으로 체인을 확장했는가 하면 첨단 결제 기술을 도입하여 쇼핑 경험을 강화했다. 여기서 더 나아가 식품 중심의 아마존고를 필두로 식료품 중심의 아마존프레시Amazon Fresh, 패션 중심의 아마존스타일Amazon Style 등 자사 브랜드 산하의 다양한 매장 형식을 실험했다. 아마존은 실적이 저조한 매장을 폐쇄하고 입지가 좋은 곳에 새로운 매장을 열면서 오프라인 소매 공간 전략을 적극적으로 재설계해나가고 있다.

애플과 아마존은 옥외광고 미디어도 광범위하게 활용함으로써 고객의 관심을 사로잡는 동시에 소매점 전략을 개선했다. 미국 옥외광고협회에 따르면 이 두 회사는 광고판, 대중교통 미디어, 야외광고물을 포함하는 옥외광고 관련 상위 5대 광고주에 이름을 올렸다.

지금의 트렌드는 오프라인 채널이 다가오는 미래에도 여전히 선호될 것이라는 점을 암시한다. 최근 연구 결과를 보더라도, 고객들은 지난 몇 년간 디지털 피로를 겪어서인지 팬데믹으로 인한 제한 조치가 완화되자마자 오프라인 매장으로 돌아가고 있다. 예를 들어 무드미디어가 진행한 조사에 따르면, 현재 전 세계 고객의 71%가 팬데믹 이전만큼 자주 오프라인 매장에서 물품을 구매하고 있다.

실제 매장에서 물품을 구매하는 추세는 인구통계학적으로 젊은 층에게서도 드러난다. 매킨지에 따르면, Z세대는 온라인에서도 자주 물품을 구매하지만 25개 항목에서 Y세대에 비해 많은 물품을 오프라인에서 구매한다. 게다가 세계적인 유통 기업 A.S.왓슨의 조사에 따르면, 미용 산업의 사례처럼 사회적 상호작용이 반드시 요구되는 항목일 때 Z세대는 주로 오프라인 매장에서 제품을 구매한다.

이 통계는 대다수 고객 경험에서 물리적 소매 공간의 비중이 여전히 높다는 점을 보여준다. 따라서 메타버스 같은 가상의 영역에만 초점을 맞추기보다 현실 세계에서 몰입형 환경을 생성하는 데 더 집중할 필요가 있다. 이 접근 방법은 보통 젊은 세대 사이에서 URL(웹 주소) 마케팅과 대조되는 개념으로 IRL 마케팅이라고 일컬어진다. IRL은 'In Real Life(현실 세계)'를 뜻하며, 물리적 공간에서 이루어지는 상호작용이 강조된 용어다. 반면 URL은 디지털 채널에서 발생하는 온라인 상호작용과 관련이 있다.

IRL 마케팅의 범위에는 고객이 참여해 시간을 보내는 소매점, 팝업 스토어pop-up store(짧은 기간 임시로 운영되는 소매 매장-옮긴이), 음식점, 옥외광고, 브랜드 활성화brand activation, 기업 행사, 쇼룸, 체험 센터 등 다양한 환경이 포함된다. 이런 장소들은 고객과 직접적으로 상호작용할 기회를 제공한다.

# 제3의 장소 재창안하기

이상적인 IRL 공간이라는 개념의 역사는 미국의 도시 사회학자 레이 올든버그Ray Oldenburg가 '제3의 장소the third place'라는 용어를 만든 1980년대 말로 거슬러 올라간다. 제3의 장소는 집(제1의 장소)과 직장(제2의 장소)에서 벗어나 사교 활동을 하는 물리적 장소를 의미한다. 집은 안식을 주는 자기만의 공간이고, 직장은 격식을 차려야 하는 공간이며, 제3의 장소는 집이나 직장과 달리 공공생활을 할 수 있는 공간이다. 카페, 음식점, 서점, 술집, 체육관, 공공 도서관, 공원 등이 제3의 장소에 포함된다.

제3의 장소는 대개 다양한 사회경제적 배경을 가진 방문객들이 이용할 수 있는 포용적인 공간으로, 방문 비용이 무료이거나 유료라고 하더라도 대다수 사람에게 부담이 되지 않는 수준이다. 이 공간에서는 주로 사회적 상호작용이 일어나며, 사람들이 대화를 나누고 관계를 맺는 환경이다. 그래서 서로 밝게 맞아주며 명랑하고 활발한 분위기가 주를 이룬다.

지난 수십 년 동안 대부분 브랜드가 제3의 장소라는 개념을 무리 없이 수용해왔다. 대표적으로 스타벅스는 이 개념과 동일시된 지 오래다. 스타벅스 매장들이 많은 시간을 보내고 사람들과 친분을 맺는 소셜 허브로 발전했다는 점을 생각해보라. 매장에서 제공

**제3의 장소란?**

집과 직장에서
벗어난 곳

공공의
공간

CAFE

**제3의 장소**

누구나 이용할 수
있는 포용적인
공간

사회적 상호작용이
주를 이루는 곳

서로 밝게 맞아주고,
명랑하고 활발한
분위기

[그림 6.1] 제3의 장소에 대한 정의

하는 안락한 의자, 은은한 음악, 각종 장식이 사람들을 자리에 머물게 한다. 스타벅스 매장은 또한 무료 와이파이와 무선충전기를 제공함으로써 손님들이 매장에 오래 머물게 한다.

맥도날드 같은 패스트푸드 음식점들도 미국에서 특정한 인구통계학적 집단, 특히 고령자들과 저소득층이 선택하는 제3의 장소로 인기를 끌었다. 저렴한 음식과 무료 와이파이가 이 집단을 맥도날드로 끌어들였으며, 여기서 이들은 관계를 돈독히 했다.

애플 스토어는 제3의 장소라는 개념과 맥을 같이하는 '모던 타운스퀘어modern town square' 철학을 채택했다. 전략적 위치와 매혹적인 디자인으로 스토어를 준공공의 장소로 변화시킨 애플은 고객이 지역 사회 주민들과 함께 모이게 했다. 이 개념의 중심에는 앞서 언급한 '투데이 앳 애플' 프로그램이 있다. 사진 또는 코딩 강습과 같이 창의력을 자극하는 무료 강습이 열리며, 고객이 함께 모여 관심 분야에서 전문성을 키우게 하는 프로그램이다. 이 무료 강습들은 애플이 고급 제품에 대한 장벽을 낮추고 그에 대한 체험을 확대하는 방법이라고 할 수 있다.

오늘날 젊은 세대는 디지털 공간을 제3의 장소로 활용한다. 이들은 소셜 미디어와 가상의 세계에서 많은 시간을 보내며 새로운 친구를 사귀고 친밀하게 관계를 맺는다. 몸은 스타벅스나 맥도날드 같은 매장에 있을지 몰라도 이들의 관심은 가상의 영역에 온전히 몰입한다.

실제로 이들은 디지털 오피스 기술 덕분에 장소와 상관없이 일하는 데 익숙해서 제3의 장소에 대해 사뭇 다른 관점을 가지고 있다. 이전 세대와 달리 이들은 집과 직장을 명확히 구분하지 않는 편이라 제3의 장소에 대한 전통적인 개념을 무색하게 한다.

그런데 이런 태도가 이들의 웰빙에 대한 관심을 불러일으켰다. 미국 생명보험회사 시그나Cigna에서 발표한 미국외로움지수 US Loneliness Index에 따르면, Z세대가 73%를 기록하면서 가장 외로운 세대임이 밝혀졌다. 또한 데이터 관리 업체 하모니헬스케어 IT Harmony Healthcare IT가 진행한 설문조사에서도 놀라운 통계가 드러났다. Z세대의 42%가 정신 건강 문제를 겪는 것으로 진단받았으며, 무려 85%가 미래에 대한 불안을 느낀다고 답했다.

이 설문조사 결과로 팬데믹이 불안의 수준에 미친 영향이 더욱 부각됐다. 제한 조치와 봉쇄 조치로 대면 상호작용과 사회화의 기회가 크게 줄어든 탓이다. 물리적 공간에서 다른 사람들과 교류하는 과정이 젊은 세대의 행복에도 상당한 영향을 미친다는 사실이 증명된 셈이다.

사실 인간은 근본적으로 사회적 존재다. 아무리 기술이 발전하더라도 사회적 연결은 필수적이고 시간을 초월하는 인간의 욕구다. 이 개념은 물리적 장소의 존재 이유가 사회적 관계를 촉진하고 육성하는 것이라는 점을 일깨워준다. 만약 공간이 이 기능을 충족하지 못하면, 공간의 가치는 사라지고 만다. 따라서 단지 거래를 우선시하는 소매 업체는 전자상거래의 편리함과 효율성만 중시하다가 정작 중요한 것을 놓칠 수도 있다.

다만, 제3의 장소가 디지털 요소를 흡수할 수 있다는 점에 주목해야 한다. 실제로 PwC가 실시한 글로벌 소비자 인사이트 펄스 설문조사Global Consumer Insights Pulse Survey 결과에 따르면, 소비자들은 물리적 쇼핑 경험이 디지털 기술로 강화 · 촉진 · 중재되기를 기대한다.

물리적 환경이 디지털 요소들과 결합하는 것을 '확장현실'이라고 한다. 확장현실은 세 가지 피지컬-디지털 인터페이스인 증강현실, 가상현실, 혼합현실을 아우르는 기술적 용어다. 이 용어는 디지털 경험으로 증강되어 물리적 영역의 경계를 확장하는 IRL 환경을 의미하기도 한다.

이제 물리적 공간에 디지털 기술을 입히고 확장현실을 생성하여 궁극적으로 몰입도 높은 고객 경험을 창출하는 다섯 가지 관리 방법을 살펴보자.

## 매끄러운 거래

물리적 공간과 관련한 주요한 도전 과제 중 하나는 길게 늘어선 줄이나 시간을 소모하는 결제 과정이 보여주듯이, 거래가 완료되기까지 상당한 시간이 필요하다는 점이다. 거래 과정을 간소화하는 혁신적인 기술을 하나로 모아 이 문제를 해결할 수 있는 주체가 바로 기업이다.

아마존고가 아마존웹서비스를 통해 다른 소매 업체에서도 사용

**물리적 현실의 확장**

**매끄러운 거래**
사례: 스마트 결제, 비접촉 결제

**맥락화된 추천**
사례: 가상 피팅룸, 감정 감지 앱

**양방향 참여**
사례: 대화형 디스플레이, 매장 내 게임화

**증강된 발견**
사례: QR과 인스토어 앱 모드, 디지털 웨이파인딩

**이전과 이후 경험**
사례: 모바일 앱 통합

[그림 6.2] 제3의 장소에 디지털 기술 적용하기

할 수 있는 스마트 결제 시스템을 도입한 것이 좋은 사례다. 첨단 기술이 적용된 이 시스템은 고객의 신원을 확인한 후 자동으로 고객의 디지털 결제 정보를 수집한다. 고객이 선반에서 상품을 고르면, 즉시 비용을 청구해 간편하게 결제를 처리하고 디지털 영수증을 발급한다.

그 밖에 주목할 만한 사례는 나이키의 뉴욕 플래그십 스토어에 설치된 스피드숍Speed Shop의 비접촉 상거래 개념이다. 이 접근법에 따르면, 고객은 온라인에서 마음에 드는 신발을 예약하고 매장에 설치된 사물함을 배정받는다. 그런 다음 모바일 기기를 이용해 배정받은 사물함을 열어 신발을 신어보고, 직원이 제품을 가지고 올 때까지 기다릴 필요 없이 신발을 구매할 수 있다. 이 방법은 온라인에서 구입하고 매장을 방문해 픽업하는 BOPIS Buy Online Pick up in Store 모델을 기반으로 하며, 고객은 편안하고 시간이 절약되는 쇼핑 경험을 얻는다.

전자상거래가 확산되면서 거래가 편리하고 번거롭지 않아야 한다는 고객의 기대치가 높아졌다. 거래는 흔히 물리적 채널 내 고객 여정에서 중요도가 가장 낮은 접점으로 여겨지며, 고객은 이 접점에서 보내는 시간을 최대한 줄이길 바란다.

그렇지만 거래는 보통 가장 성가신 접점이며, 물리적 공간에서 일어나는 매우 의미 있는 상호작용에서 귀중한 시간을 앗아간다. 따라서 마찰 없는 기술은 물리적 환경에서 고객 경험 전반을 개선하는 요인이 된다.

## 맥락화된 추천

소셜 미디어와 전자상거래가 확산하면서 개인화된 경험에 대한 수요가 늘어났다. '인공지능 네이티브'로 불리는 젊은 세대는 자신들의 선호와 완벽히 일치하는 맞춤화된 콘텐츠와 제품 제안을 익숙하게 받아들인다.

현재의 매장 내 경험은 개인화 측면에서 발전이 뒤처져 있다. 하지만 기업들에는 매장 내 개인화를 실현하기 위해 디지털 기술을 수용할 기회가 있다. 매장 내 소비 여정에서 고객에게 개인화된 메시지와 추천 목록을 제공하는 일도 그 선상에 있다.

이와 관련한 사례로 랄프로렌과 COS 같은 패션 브랜드들이 채택하는 가상 피팅룸을 들 수 있다. 이 피팅룸에는 증강현실과 사물인터넷 등의 기술이 적용되어 고객이 가져온 품목을 식별하고 개인화된 스타일을 추천한다. 그러면 고객은 추천받은 제품을 가상으로 착용해보고 색상, 보완할 만한 의류, 장신구를 스타일에 적용해볼 수 있다. 도움이 필요할 때면 버튼을 눌러 신속히 지원을 받을 수도 있다.

그 밖에 유니클로Uniqlo 오스트레일리아가 도입한 유무드UMOOD도 획기적인 사례로 꼽힌다. 이 서비스에 사용된 장비에는 신경과학 기술이 접목돼 있어서 고객의 감정을 읽고 그 기분을 분석해 티셔츠를 추천한다. 고객은 뉴로헤드셋neuro-headset을 착용하고 이미

지나 비디오 같은 다양한 미디어를 시청한다. 그사이 헤드셋이 고객의 뇌파를 분석한다. 그러면 유니클로가 개발한 알고리즘이 고객의 신경 반응을 분석하여 현재 기분을 판단하고 이상적인 티셔츠를 추천한다.

이렇게 매장 내 경험을 개인화하면, 의류 산업처럼 점점 더 범용화되는 산업에서 강력한 차별화 요인으로 효과를 낼 수 있다. 모방 제품이 늘어나고 가격 할인이 확대되는 산업에서 기업들은 다른 무엇보다 고객 데이터를 기반으로 할 때 개인화를 활용해 범용화에 효과적으로 대처할 수 있다.

더 나아가 선택 사항이 너무도 많아서 고객이 기술 지원을 받지 않는 한 매장 안에서 적절한 제품을 찾기 어려울 때가 있다. 이런 사례가 많은 제품 범주에서는 개인화가 꼭 필요하다. 그뿐만이 아니라 정보가 홍수처럼 밀려오는 세상에서 고객을 직접 상대하고 맞춤화된 추천 목록을 제시하는 능력이 날이 갈수록 중요해지고 있다.

## 양방향 참여

스마트폰이 널리 보급되면서 사람들은 터치와 스와이프 제스처 swipe gesture 같은 디지털 인터페이스에 익숙해졌다. 더욱이 모바일 앱을 통한 디지털 제품과 서비스가 인기를 끌면서 스크린을 통한 상호작용이 삶에 필수적인 요소가 됐다.

사람들이 디지털 스크린 미디어에 친밀하다는 속성을 이용해 사용자 인터페이스와 경험을 제공하는 방법으로 물리적 공간에도 상호작용성을 형성할 수 있다. 좋은 예로 미국의 백화점 블루밍데일스 Bloomingdale's는 랄프로렌의 홍보를 위해 대형 터치스크린이 돋보이는 인터랙티브 윈도 디스플레이 interactive window display를 시험 설치했다. 백화점 앞을 지나가는 사람들이 스크린과 상호작용하며 제품의 이미지를 변경해서 표현할 수 있을 뿐 아니라 인터랙티브 모바일 앱을 사용해 선택한 제품을 구매할 수도 있게 한 것이다.

미국의 패션 브랜드 팀버랜드 Timberland도 이와 비슷하면서 약간 다른 방식으로 접근해 손동작으로 디지털 인터페이스를 조작할 수 있게 했다. 즉, 팀버랜드 매장 앞을 지나가는 사람들이 매장으로 들어가지 않고도 모든 제품을 비접촉 방식으로 입어볼 수 있게 한 것이다. 그 결과 근방을 오가는 사람들을 매장으로 끌어들일 수 있었다.

소매 업체들도 모바일 앱에 대한 친숙성을 이용해 양방향 경험을 생성할 수 있다. 모바일 앱은 게임화 전략을 구현하는 데 매우 효과적인 도구다. 영국의 명품 패션 브랜드 버버리 Burberry의 중국 선전 매장이 좋은 본보기다. 버버리는 중국에서 가장 인기 있는 메시징 앱인 위챗 WeChat과 협력해 매장 내 게임화 전략을 도입했다. 매장 보상 프로그램의 회원인 고객은 매장 진열 상품을 탐색하고 상호작용하면서 '사회적 통화social currency'를 모을 수 있다. 이렇게 쌓인 포인트로 나중에 업그레이드된 아바타, 시크릿 다이닝 메뉴 이용권, VIP 이벤트, 숨겨진 방 입장 기회 등의 보상을 받을 수 있다.

이제는 고객이 스크린을 보면서 상당한 시간을 보내고, 양방향 참여를 갈망하며, 쇼핑 습관도 물리적 진열대를 둘러보는 행동에서 디지털 페이지를 스크롤하는 행동으로 전환됐다. 오늘날 오프라인 공간이 경쟁력을 갖추려면, 전자상거래 웹사이트와 마찬가지로 고객에게 익숙한 사용자 인터페이스와 경험을 도입해야만 한다.

## 증강된 발견

실리를 중요시하는 젊은 세대는 제품을 세심히 평가하고 대체재들과 비교한 후 구매를 결정한다. 이 과정은 제품의 상세 정보, 고객 후기, 가격 비교 등 포괄적인 데이터에 쉽게 접근할 수 있게 되면서 훨씬 단순해졌다. 이런 정보에 접근하는 것이 매장 직원에게 도움을 청하는 것보다 더 쉬운 일이며, 이런 점에서 전자상거래가 실제 매장보다 이점이 있다.

게다가 고객 후기와 같은 정보는 매장 관계자들의 설득과 권유

보다 더 신뢰할 만하다. 따라서 고객은 흔히 '쇼루밍' 방식으로 매장 안에 있는 동안 스마트폰으로 제품을 조사한다. 이런 편리함 때문에 고객은 조사를 마치자마자 (매장이 아닌) 온라인에서 제품을 구매하고, 매장은 판매 기회를 놓치고 만다.

이제 이 문제를 해결하기 위해 정보의 발견을 매장 내 경험으로 포함할 수 있게 됐다. 한 가지 방법은 모바일 앱을 인스토어 모드로 이용하게 하는 것이다. 이로써 고객은 모바일 앱을 이용해 제품 옆에 붙은 QR 코드를 스캔할 수 있다. 이렇게 해서 고객은 온라인 쇼핑 경험과 유사한 형태로 제품의 종합적인 정보에 접근할 권한을 얻는다. 더 나아가 고객은 소매 업체의 모바일 앱에서 매장 전용 프로모션으로 제품을 결제할 수 있다.

이 방식을 사용하는 소매 업체 중에서 미국의 대형 유통 업체 베스트바이Best Buy와 홈디포Home Depot가 대표적이다. 이 업체들에서는 모바일 앱에서 볼 수 있는 제품의 상세 정보를 활용할 수 있는데, 스캔된 제품과 어울리는 주변기기나 액세서리를 전략적으로 추천하기도 한다. 이를테면 TV를 스캔한 고객은 사운드 시스템, 벽걸이형 거치대, 스트리밍 장비를 추천받을 것이다. 이 교차 판매 전략cross-merchandising strategy을 실행하면 추가적인 판매 기회가 늘어날 뿐 아니라, 고객이 한 번의 쇼핑 여정에서 필요한 모든 요소를 발견하고 편리하게 구매하도록 도울 수 있다.

매장 내 정보 발견의 도구를 활용하는 또 다른 방법은 홈디포와 로우스Lowe's 같은 대형 유통 업체들이 도입한 디지털 웨이파인딩 digital wayfinding이다. 일종의 디지털 매장 지도로, 고객이 원하는 제품을 쉽게 찾을 수 있게 해준다.

여기서 더 나아가 일부 앱에는 비주얼 제품 검색 기능이 적용되어 있다. 고객은 이 기능을 이용해 관심이 가는 제품의 사진을 손쉽게 확인할 수 있다. 그러면 모바일 앱이 제품의 상세 정보를 검색하여 고객에게 해당 제품이나 유사한 제품을 즉시 안내해준다. 이 방식으로 젊은 세대에게 매우 적합한 매장 내 경험이 생성되고, 소매 업체들은 물리적 영역과 디지털 영역 사이의 격차를 메울 수 있다.

## 이전과 이후의 경험

기술을 통해 물리적 공간을 증강할 때 고려해야 할 마지막 측면은 사람들이 물리적 환경 밖에 있더라도 그들의 디지털 라이프 스타일과 끊김 없이 융합되게 하는 것이다. 즉, 기업들은 방문객들이 입장하기 전에 그들의 기대를 적극적으로 예측하고, 그들이 자리를 떠난 후에도 오랫동안 참여가 확장되게 해야 한다. 그래야만 시간이 지나도 고객 인게이지먼트를 유지할 수 있다.

실질적인 방법 중 하나는 피지컬-디지털 경험에 모바일 앱을 접목하는 것이다. 모바일 앱은 물리적 공간의 내부와 외부에서 고객과 함께하는 유비쿼터스ubiquitous 도구로 작동한다. 요컨대, 매장 내에서 발견되는 다양한 디지털 기능이 모바일 앱과 연결되어 고객은 어디를 가더라도 경험을 재현할 수 있다.

나이키가 모바일 앱을 매장 경험의 핵심에 둔 회원 전용 콘셉트 매장 나이키 라이브Nike Live를 실험한 사례가 좋은 예다. 나이키 라이브 사용자들은 모바일 앱을 이용해 지역의 특성이 반영된 전용 상품을 체험하고 매장 내 커뮤니티에 참여한다. 이때 모바일 앱이 의미 있는 고객 데이터를 수집하는데, 이를 기반으로 나이키는 고객에게 제공할 제품과 매장 내 활동을 맞춤화한다. 예를 들어 나이키는 나날이 달라지는 주변 지역의 선호에 맞춰 매장 상품을 구성한다. 이렇게 지역 내 소비자들과 회원의 참여에 역점을 두면서 '제3의 장소'라는 개념의 본질을 구현했다.

Z세대와 알파세대가 피지컬-디지털, 즉 피지털 라이프 스타일을 채택하기에 두 영역의 경험을 연결하는 일이 필수인 시대가 됐다. 이 방법은 Z세대와 알파세대의 쇼핑 취향에 부합할 뿐 아니라 이들이 자신들의 전반적인 웰빙에 도움이 되는 대면 상호작용을 유지하게 할 수 있다.

# 제3의 장소 설계

IRL 공간을 구성할 때는 각각의 디자인 요소가 메시지를 전달하기 때문에 중심 테마를 따져봐야 한다. 맥도날드 매장의 분위기를 예로 들자면, 생동감 넘치는 노란색과 붉은색 색조는 행복과 식욕을 상징한다. 한편 바닥부터 천장까지 투명한 유리 패널로 만들어진 애플 스토어는 군더더기 하나 없는 미니멀리즘의 미학을 보여준다. 이 요소들이 결합할 때 전반적인 인상을 형성해 공간의 주인에 대한 인식에 영향을 미친다.

이처럼 브랜드들은 특정한 공간 디자인으로 자신들의 포지셔닝과 브랜드 가치를 표현할 수 있다. 특별한 제3의 공간을 만들고자 하는 기업들은 이 요소들을 능숙하게 관리하고 조합해 일관되고 응집력 있는 브랜드 내러티브를 유지해야 한다. 근본적으로 공간 디자인은 탁월한 스토리텔링 도구이며 마치 미묘한 광고처럼 기능한다.

또한 물리적 공간의 각 요소는 하나의 자극으로 반응을 불러일으킨다. 특정한 구역에 들어선 방문객들은 순간적으로 여러 가지 자극을 받는다. 그에 따라 즐거움, 흥분, 이완 같은 여러 감정이 일어난다. 그리고 이 감정들은 방문객들이 차후의 상호적 접점을 맞이할 준비를 하게 한다. 예를 들어 병원이라는 환경에서는 위압감을 완화하는 분위기가 의학적 신뢰성과 결합할 때 환자의 두려움이 줄어들기도 한다.

가장 중요한 사실은 이런 자극이 고객의 쇼핑 여정 내내 매장에 들어가도록 유도하는가 하면, 제품을 둘러보고 결국 제품을 구매하게 함으로써 고객의 행동에 영향을 미친다는 것이다. 그에 더해 다양한 공간 배치도 고객으로부터 다양한 행동을 끌어낸다. 알다시피 마음을 안정시키는 커피하우스 음악과 호흡이 맞는 편안한 좌석에는 사람들이 오래 머물지만, 제한된 좌석과 입식 책상에 경쾌한 음악이 흘러나오는 분위기에서는 사람들이 오래 앉아 있지 않는다.

물리적 공간 안의 모든 요소는 기능적 측면부터 예술적 측면에 이르기까지 다수의 목적에 따라 기능한다. 예를 들어 어떤 공간에 좌석을 둔다는 것은 사람들이 앉게 한다는 명확한 목적을 가지고 있지만, 어떤 유형의 좌석이냐에 따라 공간의 전반적인 분위기가 달라지고 다양한 반응을 불러일으킨다. 누구에게나 그렇겠지만, 가죽 소파는 고급스러운 느낌을 주는 데 비해 스툴은 격의 없는 분위기를 연출한다. 마찬가지로 의자 여섯 개가 딸린 긴 탁자는 공동체 의식과 연대감을 조성하는 데 비해, 작은 탁자에 의자가 하나 딸려 있다면 혼자 있고 싶어 하는 사람들을 더 끌어들인다.

본질적으로 물리적 공간은 세 가지 핵심 요소로 구성된다. 즉 물리적 근거, 프로세스, 사람이다. 이 요소들은 서로 연결되어 스토리를 전하고, 감정을 불러일으키고, 행동을 끌어낸다. 이 요소들은 효과적으로 편성될 때, 서로 융합되어 몰입형 IRL 경험을 생성하여 오래가는 인상을 남기고 사업에 의미 있는 영향을 미친다.

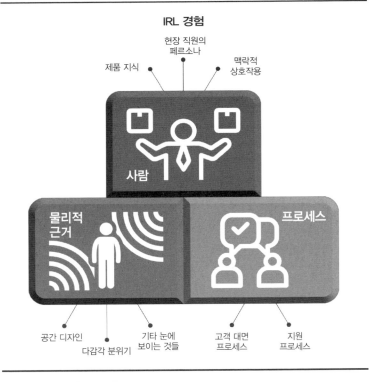

[그림 6.3] IRL 경험의 구성 요소

## 물리적 근거

물리적 근거에는 공간을 정의하는 유형의 단서가 포함되며, 가장 눈에 띄는 측면은 공간 디자인 자체다. 예를 들어 이케아 매장은 거실, 작업 공간, 주방, 침실, 식사 공간 등 집의 다양한 공간을 복제한 쇼룸이 가장 주요한 특징이다(이케아 매장의 공간은 쇼룸Showroom, 액세서리 제품 등을 판매하는 장소인 마켓 홀Market Hall, 창고 구역인 셀프 서브Self Serve, 매장 안쪽 창고인 풀 서브Full Serve 등으로 이루어져 있다-옮긴이). 레이아웃은 고객이 미리 정해진 경로를 따라 모든 섹션을 통과할 수 있도록 세심하게 설계됐다. 고객의 쇼핑 여정은 보통 마켓 홀에서 끝이 나는데, 이 공간에서 액세서리 제품을 판매한다. 이어서 셀프 서브 구역에서는 고객이 쇼룸에서 구경한 제품을 카트에 실을 수 있다. 또한 매장에는 음식점과 카페 형태의 공용 공간도 있다.

시각 디자인을 보완하는 다감각 요소들도 물리적 근거에 포함된다. 배경음악과 은은한 향이 가장 흔한 사례다. 사람들이 자주 찾는 스타벅스는 잔잔한 곡부터 경쾌한 힙합에 이르기까지 다양한 장르의 음악을 선곡하는 것으로 잘 알려져 있다. 스타벅스는 매장 경험을 형성하는 데 필수인 시그니처 커피 향도 홍보한다.

그 밖에 직원 유니폼, 브랜드화된 제품, 명함 등 유형의 지원 요소도 물리적 근거라고 할 수 있다. 이 유형의 요소들은 공간의 목적, 더 중요하게는 브랜드의 본질에 대해 명확한 신호를 고객에게 전달한다. 그러니 브랜드들은 자신들을 효과적으로 특징짓는 물리적 근거를 세심히 선정해야 한다.

## 프로세스

고객 경험을 생성하는 물리적 환경에서는 두 유형의 프로세스가 작동한다. 첫 번째 유형은 고객 대면 프로세스로, 눈에 보이고 고객이 직접 체험하는 활동이다. 이 프로세스는 대개 고객 여정을 반영하며, 공간 내 다양한 접점으로 구성된다. 스타벅스 매장의 경험을 예로 들면 고객은 매장에서 줄을 서고, 음료를 주문하고, 비용을 결제한 후, 주문한 음료를 받는다. 일부 고객은 주방이 공개된 덕에 바리스타가 음료를 만드는 모습을 흥미롭게 지켜볼지도 모른다.

두 번째 유형은 고객의 눈에는 보이지 않지만 고객 경험을 개선하는 데 꼭 필요한 지원 프로세스로, 대개는 무대 뒤에서 작동한다. 예를 들어, 매장 직원들이 커피 재고품을 준비하고, 장비를 제대로 작동시키고, 매일 아침 POS Point-Of-Sale (판매 시점) 시스템을 설정한 후 매장을 열고 고객을 맞이하는 일 등이 여기 속한다.

이 두 유형의 프로세스는 고객 경험을 형성하는 핵심 요소다. 둘 중 한 단계라도 문제가 되면, 다음 단계로 이어지는 고객 여정에 부정적인 영향을 미칠 수 있다. 그러므로 기업들은 효과적인 프로세스를 설계하기 위해 고객이 공간을 탐색하고 공간의 요소들과 상호작용하는 방법을 세밀히 들여다봐야 한다.

물리적 근거는 공간을 특징짓는 소품으로 볼 수 있지만, 프로세스는 공간의 전반적인 운영을 이끌어가는 기능을 한다. 프로세스는 나머지 두 요소인 물리적 근거와 사람을 비롯한 공간 내 다양한 요소들과 고객이 상호작용하는 방식을 명확히 하고 조직화한다.

## 사람

가장 중요한 요소는 IRL 경험을 URL 경험과 구분 짓는 '사람'이다. 왜 가상의 공간이 이상적인 제3의 공간을 완전히 재현할 수 없는지, 왜 전자상거래로 대면 판매를 대체하는 일이 쉽지 않은지에 대한 답도 '사람'에서 찾을 수 있다.

사람의 역할은 참여도에 따라 달라진다. 참여도가 높은 시나리오에서는 사람과의 상호작용이 고객 경험의 가장 중요한 측면이 된다(인적 경험의 범위에 대해서는 4장 참고). 반면 고객이 기업의 직원과 직접 대면하길 바라지 않는 상황, 즉 참여도가 낮은 시나리오에서는 특히 고객의 불만을 다루는 일처럼 문제를 해결해야 하는 부분에서 사람이 필수 요소가 된다.

사람이라는 요소는 최대의 도전 과제이며, 모방하기 어려운 중요한 차별화 요인이다. 그래서 물리적 근거 및 프로세스와 조화를 이루는 페르소나가 요구되며, 이를 충족하는 사람들을 고용해야 한다. 예를 들어, 간소화된 프로세스와 함께 미니멀리즘이 적용된 공간에서는 민첩하고 문제 해결 능력이 뛰어난 사람이 필요하다.

때에 따라서는 바람직한 페르소나를 갖춘 사람을 찾기가 하늘의 별 따기와 같아서 기업이 장기간 직원 교육에 투자해야 할 수도 있다. 필수 기술에는 제품 지식 같은 전문지식, 개인화된 서비스를 전달하는 대인관계 능력이 포함된다.

이와 관련하여 미니멀리즘이 강조되는 항공기라는 공간에서 보통 혼자서 50명가량의 승객을 응대하는 항공기 승무원이 좋은 본보기다. 항공기 승무원은 개인 문제 해결사로서, 예기치 않은 식사 요구 같은 문제를 적절한 대안을 마련해 수습한다. 응급 상황에 처하거나 난기류를 만나는 등 예상치 못한 상황에 대처할 때도 승무원들의 전문성이 시험대에 오른다. 승무원의 기술과 전문성이 항공기 경험 전반을 차별화하기도 한다. 싱가포르항공Singapore Airline을 상징하는 그 유명한 '싱가포르 걸Singapore Girl'이 좋은 예다. 싱가포르 걸 승무원들은 아시아식 환대로 고객 경험을 강화하며 꾸준히 최고 승무원상을 차지했다.

사람은 효과적인 관리에 더해 물리적 근거 및 프로세스와 시너지를 창출해 고객에게 응집력 있는 스토리텔링 경험을 전달하는 요소이기도 하다. '싱가포르 걸'은 승무원이 브랜드를 정의하는 데 중추적인 역할을 한 대표적인 사례다. 아마도 현대적인 항공기와 효율적인 예약 프로세스보다 훨씬 더 중추적인 역할을 할 것이다.

**SUMMARY**

오늘날 전자상거래가 확산되고 있으나 물리적 소매 채널이 여전히 고객 경험 전반의 핵심을 이루고 있다. 그래서 메타버스 같은 가상의 영역에만 집중하기보다는 현실 세계에서 몰입 경험을 창출하는 일이 점점 더 필수가 되고 있다. 이상적인 물리적 공간의 개념은 '제3의 장소'라는 개념과 밀접하게 연관된다. 집과 직장에서 분리되어 있고 사회적 체험을 할 수 있는 오프라인 장소가 필요하다는 뜻이다.

고객 경험의 수준을 한층 더 높이려면, 디지털 기술을 물리적 공간에 입혀 확장현실을 구현하는 일이 필수적이다. 그러므로 기업들은 오프라인 매장 내에서 매끄러운 거래, 맥락화된 추천, 양방향 참여, 증강된 발견, 확장된 경험이라는 디지털 기능을 융합해야 한다. 그럼으로써 기업들은 현실에서 고객의 몰입 경험을 강화할 수 있다.

**생각해볼 질문들**

- 물리적 장소에서 제품과 서비스를 판매하는가? 물리적 근거, 프로세스, 사람을 점검하고 일관된 브랜드 스토리를 창출했는지 점검하라.
- 물리적 장소에 디지털 기술을 입혀 몰입 경험을 강화할 방법을 찾아보라.

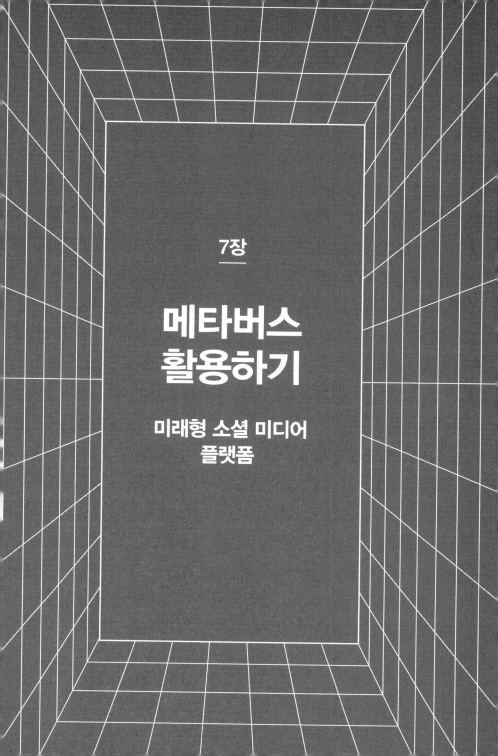

7장

# 메타버스
# 활용하기

## 미래형 소셜 미디어
## 플랫폼

지금의 소셜 미디어 형식은 2000년대 초 등장해 인터넷, 개인용 컴퓨터, 스마트폰이 널리 유행하면서 급속히 성장했다. 이후 소셜 미디어는 두 번째 인터넷 세대 또는 웹 2.0Web 2.0의 주춧돌이 됐다.

웹 2.0은 인터넷의 결정적 진화를 의미하며, 플랫폼 경제platform economy를 낳았다. 사용자들이 콘텐츠를 소비만 하던 웹 1.0Web 1.0 시대와 달리, 웹 2.0에서는 사용자들이 소셜 미디어를 통해 콘텐츠를 생산하고 공유했다. 그 결과 인터넷상에서 사용자 제작 콘텐츠가 증가했다.

웹 2.0의 급속한 발전 속에서 프렌드스터Friendster, 마이스페이스Myspace, 구글플러스Google+를 비롯한 다양한 소셜 미디어가 성장하거나 쇠퇴했다. 이 기간에 우리는 소셜 미디어가 플랫폼으로 진화하는 과정을 확인했다. 메타의 자회사인 페이스북과 인스타그램, 틱톡, 트위터 같은 오늘날 대표적인 소셜 미디어에서 사용자들은 서로를 연결하는 데 그치지 않고 멀티미디어 콘텐츠를 생성하고 유통한다.

지난 20년 동안 소셜 미디어는 중대한 변화를 겪었으며, 그 결과 우리는 새로운 도전 과제를 맞닥뜨리게 됐다. 처음에 친구나 지인과 연결되도록 고안된 소셜 미디어는 이와 유사하게 대규모 집단에 도달하는 대중매체mass media를 대체하는 형태로 진화했다. 소셜 플랫폼들이 많은 사람을 타기팅하려는 대형 광고주들의 수요를 충족시키고자 도달 범위를 확대했는데, 사용자층이 증가하면서 변화의 속도가 빨라졌다.

전통적인 대중매체와 달리 대규모 소셜 미디어 플랫폼들은 막대한 양의 개인 정보에 접근할 수 있다. 위치와 인구통계학적 데이터 범위를 넘어 사용자들의 관심과 취향이 담긴 정보를 바탕으로 플랫폼들은 상세한 사용자 프로필을 생성할 수 있다. 이런 데이터는 광고주들이 마이크로 타기팅micro-targeting(소비자들을 정교하게 세분화해 맞춤형 메시지를 통해 개별적으로 대응하는 마케팅 방법-옮긴이)과 개인화를 할 수 있다는 점에서 의미가 있으나 데이터 보호와 사생활 보호 문제가 뒤따른다.

소셜 미디어 사용자들은 흔히 가명을 사용하고 프로필에 실제 사진을 공유하지 않음으로써 자신들의 개인 정보를 보호하고자 한다. 소셜 네트워크에서 익명을 사용하느냐 아니냐는 플랫폼에 따라 다르다. 페이스북 같은 일부 플랫폼은 사용자들이 실명을 사용해 신원을 인증한다. 그런데도 페이스북은 몇 년 동안 수십억 개의 가짜 계정을 폐쇄해야 했다.

사용자들이 익명을 사용해 사생활 침해 문제를 최대한 줄일 수도 있겠지만, 익명성은 악용될 소지도 있다. 전통적 미디어와 달리 소셜 미디어의 콘텐츠는 정제되지 않은 내용이 많다. 콘텐츠를 생성하는 사람이 무엇이든 자유로이 게시할 수 있기 때문이다. 그런데 이처럼 책임지지 않는 태도와 익명성 때문에 가짜 뉴스를 퍼뜨리거나 잘못된 정보를 전달하거나 사이버불링cyberbullying(웹사이트나 이메일, 메시지, 온라인 게임 등에서 특정인을 집단으로 괴롭히고 따돌리는 행위-옮긴이)과 증오 표현을 하는 등의 문제가 생겨날 수 있다.

웹 3.0Web 3.0의 상징 또는 다음 인터넷 세대로 여겨지는 메타버스는 소셜 미디어가 다음 단계로 진화한 것으로 볼 수 있다. 여기에서는 익명성의 부작용이 해결될 수 있을 것으로 보인다. 글로벌 전략 컨설팅 기업 액센츄어Accenture가 진행한 설문조사에서는 사용자들 대부분이 메타버스가 소셜 미디어보다 더 안전한 환경이 되길 바란다고 답했다. 그런데 응답자의 55%는 현재 시점에서 안전 수준이 그저 그렇다고 생각했으며, 22%만이 소셜 미디어보다 메타버스가 더 낫다고 생각했다.

메타버스가 이상적인 상태를 향해 계속 발전하고 있다는 점은 틀림없는 사실이다. 퓨리서치센터와 미국 엘론대학교의 인터넷상상센터Imagining the Internet Center가 기술 분야 전문가들을 대상으로 진행한 설문조사에서는 그들 중 54%가 2040년까지 사람들이 완전히 몰입할 수 있는 메타버스가 구현되어 전 세계 5억 명 인구의 일상생활에 영향을 미칠 것이라고 전망했다.

메타버스는 소셜 미디어보다 더 몰입감 있는 경험을 제공함은 물론 주로 블록체인 기술을 통해 보안과 사생활 보호에 더 도움이 될 것으로 보인다. 사용자들은 블록체인 기술로 자신들의 데이터를 더 잘 제어하고 강화된 보안을 누릴 수 있다. 그렇지만 메타버스에서 해로운 콘텐츠를 효과적으로 완화할 방법은 여전히 분명하지 않다.


## 메타버스란 무엇인가?

비즈니스 세계에서 메타버스는 현재도 비교적 생소한 개념이다. 2021년에서 2022년에 메타버스가 상당한 관심을 끌었는데, 페이스북이 회사 이름을 '메타'로 바꾼 것도 어느 정도 영향을 미쳤다. 이는 시장을 선도하는 소셜 미디어 플랫폼으로서 변화하는 환경에서도 경쟁우위를 유지하려는 노력이었다.

이후 다수의 연구에서 메타버스의 미래가 유망한 것으로 전망됐다. 가트너는 2026년까지 전 세계적으로 네 명 중 한 명이 메타버스에서 매일 1시간 이상 시간을 보내며 다양한 활동을 할 것으로 예상했다. 마찬가지로 매킨지는 메타버스가 2030년까지 5조 달러에 이르는 가치를 창출할 수 있으리라고 추정한다. 그래서 기업들은 메타버스의 잠재력과 그것을 어떻게 사업 운영에 적용할지를 탐구하고 있다.

메타버스가 대대적으로 알려진 건 2021년이지만, 그 개념은 닐 스티븐슨 Neal Stephenson이 1992년에 펴낸 공상과학 소설《스노 크래시》에서 출발한다. 이 소설에서 메타버스는 가상 세계로 묘사되는데, 암울한 현실에서 탈출하여 가상 세계에 뛰어든 사람들이 아바타로 살아간다. 2018년에 개봉된 스티븐 스필버그 Steven Spielberg의 영화 〈레디 플레이어 원〉에서는 메타버스가 시각적으로 묘사됐다. 어니스트 클라인 Ernest Cline이 쓴 동명의 소설이 원작이며 2045년을 배경으로 한다. 황폐화된 미래에 인류의 상당수가 암울한 현실에서 벗어나고자 가상현실 시뮬레이션인 오아시스 OASIS에 열광한다.

메타버스는 게임 산업에 뿌리를 두고 있다. 일찍이 심시티 SimCity(1989년 출시)나 세컨드라이프 Second Life(2003년 출시) 같은 게임에서 메타버스가 묘사됐다. 지금도 로블록스, 포트나이트, 더샌드박스, 디센트럴랜드를 비롯한 가상현실 속 메타버스 플랫폼들은 주로 게임 플랫폼이며 게임 내 세계를 주요 모드 중 하나로 만들 수 있다.

메타버스의 앞 글자인 '메타 meta'는 그리스어에서 유래한 말로

'넘어서다', '초월하다'라는 의미가 있다. 그래서 현재는 메타버스가 물리적 세계의 한계를 초월하는 가상의 영역을 의미한다는 점에 합의됐다. 그런데 메타버스는 현실 세계와 매우 흡사한 디지털 영역으로 볼 수도 있다. 이 영역은 인간과 사물의 디지털 복제물들 사이에서 상호작용하는 매체일 뿐만 아니라 마케터들이 고객과 교류하는 대체 매체가 되기도 한다.

메타버스의 개념은 또한 웹 3.0의 개념을 바탕으로 형성됐다. 웹 3.0은 이더리움Ethereum의 공동 창시자인 가빈 우드Gavin Wood가 2014년 처음으로 제시했는데, 그는 웹 3.0을 웹 1.0과 웹 2.0을 계승하는 차세대 인터넷으로 언급했다. 웹 1.0은 인터넷이 개발된 초기 단계(1989~2004년)로 사용자들이 스스로 콘텐츠 크리에이터가 될 기회도 없이 콘텐츠를 소비하기만 했다. 우리는 웹 1.0을 인터넷 기술 중심의 시대라고 부르곤 한다.

웹 1.0은 2004년에 웹 2.0으로 진화했다. 웹 2.0 시대는 페이스북(지금의 메타)·구글·아마존 같은 플랫폼 기업들이 부상하면서 시작됐으며(이 기업들은 각각 소셜 미디어, 검색 엔진, 전자상거래 플랫폼의 대표 주자다), 사용자들이 직접 콘텐츠를 생산하고 공유하기 시작했다. 한마디로 웹 2.0은 고객 중심의 인터넷 버전이라고 할 수 있다.

웹 1.0에서 웹 2.0으로의 이행은 웹 3.0에서 계속되는 인터넷 개발의 가장 중요한 목표이기도 한데, 사용자 권한 부여와 관련이 있다. 웹 3.0의 지지자들이 주장하는 바를 보더라도 웹 2.0에서는 사용자들이 콘텐츠를 적극적으로 창작해도 그 소유권과 통제권은 대부분 플랫폼 기업에 속했다. 그래서 웹 3.0의 지지자들은 웹 2.0보다는 중개자가 없는 미래의 분산화된 인터넷을 마음속에 그린다. 웹 3.0에서는 콘텐츠 생산자와 고객이 직접, 그리고 안전하게

## 중앙집권화에서 탈중앙화로

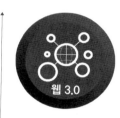

**인간 중심(미래)**
- 블록체인 기반의 탈중앙화
- 사용자가 콘텐츠를 소유한다.
- 발행된 콘텐츠를 커뮤니티가 통제한다.

**고객 중심(2004~현재)**
- 플랫폼 비즈니스 모델
- 사용자가 콘텐츠를 창작하고 공유한다.
- 콘텐츠를 플랫폼이 통제하고 소유한다.

**제품 중심(1989~2004)**
- 웹페이지 제작자가 정적인 콘텐츠를 창작한다.
- 사용자는 콘텐츠를 소비하기만 한다.

사용자 권한 부여

[그림 7.1] 인터넷의 진화

블록체인을 통해 연결된다. 결과적으로 사용자들은 콘텐츠와 디지털 자산을 창작하고 소유하고 판매할 수도 있으며, 자신들의 데이터를 잘 통제할 수 있다. 웹 3.0에서는 또한 지금의 플랫폼 경제platform economy에 내재한 비효율성이 줄어든다. 따라서 웹 3.0은 인간 중심의 인터넷 버전이라고 할 수 있다.

현재 두 가지 유형의 메타버스가 존재한다. 첫 번째 유형은 탈중앙화된 메타버스로 더샌드박스, 디센트럴랜드, 엑시인피니티Axie Infinity, 업랜드Upland 등이 해당한다. 두 번째 유형은 로블록스, 포트나이트, 마인크래프트, 세컨드라이프, 호라이즌월드Horizon Worlds 등의 플랫폼으로 구성된 중앙화된 메타버스다. 두 유형은 메타버스의 지배구조에 차이가 있다. 탈중앙화된 메타버스는 사용자들이 지배하는 반면 중앙화된 메타버스는 단일 독립체(대개 플랫폼을 개발한 회사)가 지배한다.

탈중앙화된 매타버스는 분산화된 인터넷 버전인 웹 3.0의 완벽한 본보기라고 할 수 있다. 웹 3.0에서는 권력이 대형 플랫폼 기업에 독점되지 않고 사용자들에게 분산되어 있다. 그래서 탈중앙화된 유형은 웹 3.0 메타버스로 분류되기도 하며, 그에 비해 중앙화된 메타버스는 웹 2.0 메타버스로 여겨지기도 한다.

2022년이 끝날 무렵, 분산화된 메타버스는 상승세를 타던 연초의 모습과 달리 인기의 하락세를 경험했다. 예를 들어, 엑시인피

## 탈중앙화된 메타버스 vs 중앙화된 메타버스

**탈중앙화된 메타버스**
- 탈중앙화된 자율조직
- 사용자 커뮤니티가 지배한다.
- 블록체인 기술로 작동한다.
- 사례: 더샌드박스, 디센트럴랜드, 엑시인피니티, 업랜드

**중앙화된 메타버스**
- 단일 독립체(대개 플랫폼 업체)가 지배한다.
- 플랫폼을 기반으로 한다.
- 사례: 로블록스, 포트나이트, 마인크래프트, 세컨드라이프, 호라이즌월드

**[그림 7.2] 메타버스의 두 유형**

니티는 일일 활성 사용자 수Daily Active User, DAU(매일 앱을 사용하는 실제 사용자 수를 의미하며 하루 동안의 사용자 수를 판단하는 지표다-옮긴이)가 2022년 초 200만 명에서 연말에는 40만 명으로 줄었다. 2022년 암호화폐와 NFT 시장이 동반 붕괴한 사태가 부분적인 원인이라고 볼 수 있으며, 이와 함께 탈중앙화된 블록체인 기술에 대한 의문이 제기됐다.

이와 같은 하락세에도 불구하고, 탈중앙화된 메타버스는 (여전히 논란의 여지가 있지만) 블록체인 기술을 통해 게임 산업에 신선한 혁신을 몰고 왔다. 엑시인피니티가 도입한 'P2E Play-To-Earn(돈을 벌기 위해 게임을 한다는 의미—옮긴이)' 사업 모델이 대표적인 예로, 이용자들은 가상의 몬스터 NFT를 구매하고 다른 이용자들과 전투를 치를 수 있다. 승자들은 이후 현금으로 교환할 수 있는 암호화폐를 보상으로 받는다.

그 밖에 탈중앙화된 메타버스에서 일어난 주목할 만한 혁신은 암호화폐와 NFT 인증서 기반의 크리에이터 경제creator economy다. 디센트럴랜드 같은 플랫폼에서 사용자들은 가상의 토지를 사고팔 수 있다. 더샌드박스에서는 사용자들이 게임을 창작하고 그 게임을 플레이하는 사람들에게 요금을 부과할 수 있다. 이와 같은 혁신 덕에 크리에이터들이 자신의 창작물로 수익을 창출할 수 있게 됐으며, 사용자들 역시 새로운 방식으로 메타버스 경제에 참여하게 됐다.

중앙화된 메타버스는 탈중앙화된 메타버스의 인기가 시들해지는 현상과는 대조적으로 탄력성을 보여줬다. 최근의 통계 수치를 보더라도 월간 활성 사용자Monthly Active Users, MAU 수가 로블록스는 2억 1,400만, 마인크래프트는 1억 7,800만, 포트나이트는 8,000만을 기록했다.

또한 메타버스 컨설팅 기업 메타버스드Metaversed에 따르면, 중앙화된 메타버스를 이용하는 사람들의 평균 연령은 12~13세이고 전체 사용자 중 83% 이상이 18세 미만이다. 암호화폐 지갑을 생성할 수 있는 법적 최소 연령이 18세라는 점을 고려할 때, 탈중앙화된 메타버스가 중앙화된 메타버스보다 인기가 떨어지는 이유를 이 통계가 보여준다고 할 수 있다.

본질적으로 메타버스는 알파세대와 어린 Z세대가 선호하는 소셜 미디어 플랫폼으로 작동한다. 이런 이유로 엔터테인먼트부터 패션, 음식, 음료, 스포츠, 금융 서비스에 이르기까지 다양한 범주에 있는 많은 브랜드가 메타버스에서 이 어린 세대의 집단을 표적으로 삼아 제품과 서비스를 제공하고 있다. 2022년 MTV의 비디오 뮤직 어워드에 '최고의 메타버스 공연' 부문이 포함되어 로블록스와 포트나이트에서 공연한 후보들이 출연한 사례가 대표적이다. 신발 브랜드들도 사용자 아바타의 맞춤 옵션으로 가상의 신발 목록을 제공하는 식으로 메타버스 경험을 활용하고 있다. 푸마Puma의 가상 운동화는 메타 플랫폼에서 이용할 수 있고, 크록스Crocs는 마인크래프트에서 찾을 수 있다. 금융 서비스 기업 피델리티Fidelity도 젊은 세대가 로블록스와 디센트럴랜드에서 게임을 하며 투자 정보를 찾을 수 있게 했다.

# 메타버스의 필수 구성 요소

메타버스가 온전히 기능하려면, 다섯 가지 필수 요소로 구성되어야 한다. 첫째, 메타버스에는 '가상 자산'이 있어야 하며 여기에는 가상의 환경과 가상의 사물이 포함된다. 둘째는 '아바타'로, 메타

[그림 7.3] 메타버스의 필수 구성 요소

버스 내에서 사용자의 디지털 표현으로 기능하며 다양한 경험에 참여한다. 셋째는 '사용자 경험'이며, 이에 따라 가상 자산과 아바타가 상호작용하는 방식이 달라진다. 넷째는 '크리에이터 경제'로, 사용자가 디지털 자산을 창작·구매·판매하기 위해 필요하다. 마지막으로, 메타버스는 규칙을 수립하고 메타버스의 다양한 측면에 대한 개발을 감독하기 위한 '지배구조'를 갖춰야 한다.

## 가상 자산

메타버스에 몰입감이 더해지는 이유는 가상의 환경을 기반으로 구성되기 때문이다. 메타버스는 플랫폼 전반의 게임 세계부터 사회적 공간, 가상의 마켓플레이스에 이르기까지 대부분 3D 공간이다. 메타버스는 실제 소매 업체 매장, 고객 체험 센터, 브랜드 활성화 현장과 동등한 가상의 공간으로 여겨지기도 한다.

　브랜드들은 젊은 고객이 상당한 시간을 보낼 공간으로 메타버스의 잠재력을 인식하고 가상 환경을 구축하는 데 투자하고 있다. 더샌드박스의 부지를 매입한 PwC 홍콩과 아디다스Adidas처럼, 메타버스에서 가상의 토지를 매입하기도 한다. 로블록스 내의 나이키랜드와 월마트랜드Walmart Land, 호라이즌월드 내의 웬디버스Wendyverse처럼 메타버스 안에 가상의 세계를 만드는 브랜드들도 있다.

가상의 매장은 메타버스에서 브랜드와 마케터들에게 매우 귀중한 자산이다. 기업들이 물리적 세계에서 고객 경험을 개선하고 판매를 증가시키려고 채택한 전략이 가상의 매장에 반영되기 때문이다. 더샌드박스 내 하이엔드 콘셉트 스토어인 구찌 볼트Gucci Valut, 뉴욕의 플래그십 스토어를 모델로 한 디센트럴랜드 내 몰입형 공간인 삼성 837XSamsung 837X가 주목할 만한 사례다.

가상의 매장은 메타버스와 소매업의 융합을 의미하며, 전형적인 2차원 전자상거래 웹사이트에 비해 온라인으로 제품을 선보이고 판매할 수 있는 더욱 몰입도 높은 수단이 된다. 고객은 3D로 가상의 매장 통로를 탐색하면서 오프라인 매장에서와 같은 제품을 발견할 수 있다.

또한 메타버스는 가상의 콘서트부터 시각적인 패션쇼에 이르기까지 마케터가 브랜드 활성화 전략을 혁신하여 젊은 층을 끌어들일 수 있는 흥미로운 잠재력을 제공한다. 탁월한 활성화 전략의 사례로 현대자동차가 로블록스에 가상 공간을 구현한 것을 꼽을 수 있다. 현대자동차는 현대 모빌리티 어드벤처Hyundai Mobility Adventure라는 이름으로 페스티벌 스퀘어Festival Square, 퓨처 모빌리티 시티Future Mobility City, 에코 포레스트Eco-Forest, 레이싱 파크Racing Park, 스마트 테크 캠퍼스Smart Tech Campus 등의 가상 공간을 선보이면서 브랜드 활성화를 시작했다.

더 나아가 메타버스는 가상 공간 이상의 것을 제공한다. 메타버스에서는 가상 제품을 수집할 수 있으며, 사용자는 이 가상 제품을 구매하고 소유할 뿐 아니라 재판매할 수도 있다. 특히 탈중앙화된 메타버스에서 가상 자산을 거래할 수 있으며, 이 디지털 자산은 '토큰화'되거나 NFT로 블록체인에 기록된다. 이는 브랜드들이 현실 세계의 제품을 메타버스에서 디지털 복제본으로 만드는 독특한 기회를 누린다는 의미다. 가상의 운동화부터 가상의 스포츠카에 이르기까지 디지털 복제본을 가상의 경험에 포함할 수 있는 것이다.

## 아바타

인터넷 시대인 지금 디지털 신원digital identity이 널리 정착됐다. 사용자들은 소셜 미디어와 메시징 앱 같은 다양한 플랫폼에서 비교적 정적인 사용자 이름과 프로필 사진으로 자신을 표현한다. 소셜 미디어에서 사용자들은 상태 업데이트나 개인 게시물 업데이트를 진행하여 자신의 온라인 신원을 보다 동적으로 유지할 수 있다. 소셜 미디어가 변화하는 자신의 개성과 스타일을 표현하는 수단이 되는 것이다. 디지털 신원 개념은 메타버스가 출현함에 따라 새로운 단계로 나아갔다. 즉, 사용자들은 메타버스에서 '아바타'라는 것으로 자신의 디지털 페르소나를 구축한다.

아바타는 사용자를 시각적으로 표현한 것으로, 가상 세계에서 사용자의 정체성을 보여준다. 사용자가 제어할 수 있는 메타버스 상의 거주자라고도 볼 수 있다. 사용자들은 아바타를 통해 가상 환경을 돌아다니며 다른 사용자들과 교류하고, 디지털 자산을 거래 하기도 한다.

사용자들은 아바타를 맞춤 설정하여 선호하는 얼굴과 신체 특징을 표현할 수 있으며, 화장을 하거나 옷을 갈아입거나 다양한 장신구를 착용할 수도 있다. 이런 수준의 맞춤화 덕분에 사용자들은 메타버스에서 활동하며 자신을 표현하고 몰입감을 높일 수 있다.

사용자들이 아바타를 활발히 꾸민다는 것은 한편으로는 대기업의 브랜드나 독립 디자이너들이 맞춤 설정 옵션을 창작할 기회를 누린다는 의미다. 예를 들어 화장품 브랜드 메이블린Maybelline과 로레알 프로페셔널L'Oréal Professionnel은 아바타 제작 플랫폼 레디플레이어미Ready Player Me와 협업하여 다섯 가지 메이크업 룩과 최신 유행 헤어 스타일 모음을 메타버스 내 사용자들에게 제공한다. 나이키와 구찌 같은 패션 브랜드들도 메타버스에서 의상 맞춤 옵션을 구성했다.

아바타는 메타버스에서 사용자 자신을 표현하는 역할을 하는 데 더해 가상 인플루언서로서의 역할도 한다. 배우 메이지 윌리엄스Maisie Williams가 H&M의 글로벌 지속가능성 홍보대사로 위촉된 사례가 좋은 예다. 윌리엄스는 디지털 아바타로 변신했으며 가상 세계와 현실 세계에서 고객들과 소통한다. 이와 유사한 사례로 메타버스 스타트업 지니스Genies는 아바타 에이전시를 도입해 DJ 칼리드DJ Khaled와 마시멜로 등 유명인들의 디지털 버전을 만들고, 그들의 브랜드를 확대하도록 돕고 있다.

인공지능이 급속히 발전하면서 가상 인플루언서가 실제 사람처럼 활동할 수 있게 됐다. 이는 미국의 가상 래퍼 FN 메카FN Meka의 조회수가 틱톡에서 10억 뷰 이상을 달성할 정도로 성공을 거둔 일이나 브라질의 가상 인플루언서 루 두 마갈루Lu do Magalu가 다수의 소셜 미디어 플랫폼에서 3,000만 명 이상의 팔로워를 보유한 사실로 입증된다. 요컨대, 브랜드들은 메타버스뿐만 아니라 현실 세계에서도 가상의 인플루언서를 마케팅 전략에 동원하고 그들의 폭넓은 팬층을 활용할 것이다.

## 사용자 경험

사용자 경험은 디지털 객체와 아바타 간의 상호작용을 의미하며, 메타버스에서 몰입감의 수준은 전적으로 사용자 경험에 좌우된다. 메타버스의 고유한 특징은 사용자 경험의 기본 요건에 영향을 미친다. 본질적으로 메타버스는 동적인 가상 환경이며, 끊임없이 변화한다. 메타버스 안에 있는 디지털 객체들 역시 정적이지 않은데, 사용자들이 상호작용하며 변화시킬 수 있기 때문이다.

메타버스와 관련해 또 다른 중요한 측면은 현실 세계와 닮아서 직관적인 사용자 경험을 제공해야 한다는 점이다. 아바타가 인간이 아닌 형태를 취하고 디지털 객체에 미래 지향적인 디자인이 적용되더라도, 인간의 움직임이 아바타에 반영되고 실제 객체와 비슷하게 행동하는 등 친숙함의 요소들이 있어야 한다. 그래야 사용자들이 건물에 들어가거나 도구를 사용하는 등 작업을 수행하는 방법을 쉽게 파악하여 메타버스 세상을 탐험할 수 있다.

메타버스는 일관된 방식과 상호작용이 핵심을 이루는, 공유되는 사회적 경험이기도 하다. 100명이 동시에 메타버스에 들어가 동일한 활동에 참여한다고 가정해보자. 이때 이 경험은 각 개인의 관점에서 일관된 방식이어야 한다. 그에 더해 사용자들이 동일한 메타버스 안에서 상호작용할 줄 알아야 한다.

이렇게 메타버스에서 일어나는 사용자 경험의 특징은 마시멜로가 포트나이트에서 가상 라이브 콘서트를 선보였던 사례로 설명할 수 있다. 이 가상 콘서트에서 마시멜로의 모든 움직임이 실시간으로 가상 세계에 렌더링됐다. 콘서트는 무대 턴테이블, 시각적 효과, 춤추는 관객과 더불어 마시멜로의 실제 쇼처럼 보이도록 설계됐다. 콘서트의 동시 접속자 수가 1,000만 명이 넘었지만, 포트나이트는 100명씩 그룹으로 만들어 모든 사용자가 99명의 나머지 사용자와 동일한 콘서트를 체험할 수 있게 했다.

한편으로 사용자들이 메타버스에 계속 참여할 동기를 유지하게 하려면 목표, 성과, 보상을 비롯한 게임의 공학적 요소를 반드시 도입해야 한다. 이 전략을 활용하면 사용자들이 목적의식을 유지하고, 서로 돕고, 매력적인 줄거리로 짜인 임무를 협력해서 달성하도록 이끌 수 있다. 사용자들이 목표를 완수하고 업적을 달성할 때, 내러티브의 다음 단계가 잠금 해제되는 방식도 사용자들이 경험에 몰입하고 참여하게 한다.

스타벅스 오디세이Starbucks Odyssey는 게임화를 사용자 경험의 핵심 측면으로 활용한 탁월한 사례로 꼽힌다. 이 프로그램은 고객이 포인트를 수집하고 보상을 받는 스타벅스 로열티 프로그램을 확장한 블록체인 기반의 회원 전용 서비스다. 이 서비스를 이용하는 회원들은 일련의 게임에 참여해 상호작용하고, '여행'이라는 몰입감 넘치는 도전에서 목표를 달성하여 '여행 스탬프'라는 NFT 수집품을 획득한다. 회원들은 보상으로 가상의 커피 만들기 강습이나 원두 볶기 같은 특별 행사, 코스타리카 스타벅스 커피 농장 관람 등 몰입형 피지컬-디지털 경험을 한다.

이 변형된 P2E 모델은 탈중앙화된 메타버스에서 사용자들의 동기를 한층 더 자극한다. 사용자들은 게임 플레이를 통해 보상을 받기 때문에 계속해서 메타버스를 방문해 활동에 참여한다.

## 크리에이터 경제

메타버스의 주요한 매력은 디지털 콘텐츠와 경험이 풍부하다는 점이며, 이것들을 생산하는 데는 콘텐츠 크리에이터들이 핵심적인 역할을 한다. 사용자들도 콘텐츠와 경험을 생성하거나 기존의 것들을 수정하는 과정에서 동기를 강하게 자극받으며 크리에이터로서 역할을 한다. 실제로 메타버스는 소셜 미디어처럼 브랜드, 온라인 판매자, 게임 디자이너, 디지털 아티스트, 인플루언서를 비롯한 콘텐츠 크리에이터와 서비스 제공자들이 플랫폼을 활용해 수익을 창출하도록 함으로써 이들의 생태계가 번성할 기회를 선사한다.

크리에이터 경제를 가능케 하는 핵심 요인 중 하나는 대부분의 가상 세계 안에서 이용할 수 있는 마켓플레이스의 존재다. 이 마켓플레이스는 디지털 자산 거래 플랫폼으로 작동하며, 사용자들은 이 플랫폼에서 가상 부동산, 아바타 맞춤형 아이템, 기타 디지털 객체 등을 거래한다. 마켓플레이스에서는 보통 실제 돈으로 거래가 이루어지는데 중앙화된 메타버스에서는 게임 내 통화로, 탈중앙화된 메타버스에서는 암호화폐로 변환된다.

블록체인 기술은 탈중앙화된 메타버스에서 크리에이터 경제를 촉진하며, 콘텐츠 크리에이터들은 가상 세계 안에서 거래에 참여하기 위해 소유한 디지털 자산의 NFT를 생성해야 한다. NFT는 디지털 객체에 대한 고유한 소유권 인증서로 기능하며, 자산을 재판매할 때 거래가 안전하게 진행되고 로열티가 지급되게 할 수 있다. 중앙화된 메타버스에서도 유사한 기회가 제공되지만, 이곳에서는 크리에이터들이 자신의 작품에 대한 통제권과 소유권을 별로 가지지 못한다.

나이키가 NFT와 메타버스용 운동화를 만드는 RTFKT를 인수한 사례는 NFT의 잠재력을 여실히 보여준다. 나이키는 이 인수를 통해 2022년 메타버스 마켓플레이스에서 1억 8,500만 달러를 벌어들였다(재판매 로열티 포함). 현실 세계에서는 1차 판매로만 수익이 창출되는 데 비해 메타버스에서는 1차 판매는 물론이고 이후 재판매가 이뤄질 때도 돈을 벌어들일 수 있다.

크리에이터들은 메타버스에서 디지털 자산 외에 잘 디자인된 경험도 설계하고 만들 수 있다. 메타버스만의 고유한 특징이라고 하면, 크리에이터들이 가상의 공간을 구축하여 커뮤니티끼리 서로 연결되고 교류하며 직접 소통한다는 점이다. 예를 들어 데킬라 브랜드 패트론Patrón은 디센트럴랜드에 '서머 팝업summer pop-up'을 열어 퀘스트에 참여한 사용자들에게 실제 여행을 떠날 기회를 제공했다.

마찬가지로 월마트는 로블록스에 두 가지 메타버스 공간을 마련해 가상 콘서트를 열거나 월마트에서 판매되는 브랜드의 가상 상품을 전시하면서 양방향 경험을 제공했다. 이 몰입 경험은 메타버스가 광고와 브랜드 활성화를 위한 새로운 수단이 되어 또 다른 수익화 기회로 이어진다는 점을 시사한다.

메타버스 내 크리에이터 경제는 기업들에 수익 창출의 기회를 제공한다. 기업들은 크리에이터들과 협력 관계를 맺어 브랜드화된 디지털 자산을 개발하고 판매하는 것은 물론 자산 거래를 위한 마켓플레이스를 구축할 수도 있다. 그뿐만 아니라 회사 내에서 개발 활동을 할 필요 없이 메타버스 안에서 몰입 경험을 생성하고 가상의 공간을 구축할 수 있다.

## 지배구조

메타버스의 지배구조는 조직이 중앙화됐느냐 탈중앙화됐느냐에 따라 결정된다. 중앙화된 메타버스에서는 플랫폼을 창출한 기업이 소셜 미디어처럼 규칙을 만들고 모든 의사결정을 한다. 메타가 호라이즌월드를 통제하고 에픽게임즈Epic Games가 포트나이트를 통제하는 사례가 대표적이다.

때에 따라서는 독립된 기구가 플랫폼 소유자의 의사결정을 검토하기도 한다. 이를테면, 메타가 설립한 독립된 전문가 집단인 오버사이트 보드Oversight Board는 특히 콘텐츠 조정과 관련된 중요한 의사결정을 검토한다. 따라서 콘텐츠 조정 결정에 메타가 전적으로 책임을 지지 않아도 된다. 처음에는 메타가 이사회 구성원들을 지명했지만, 이들의 첫 임기가 완료되면 오버사이트 보드가 모든 책임을 지고 차기 구성원들을 선발할 예정이다. 메타는 이사회의 독립성을 보장하고자 이사회 관련 운영 비용을 충당하기 위한 신탁 기구도 설립했다.

한편, 탈중앙화된 메타버스의 지배구조는 한층 더 복잡하게 얽혀 있다. 현재 떠오르는 지배구조 모델인 탈중앙화된 자율조직Decentralized Autonomous Organization, DAO에는 중앙의 관리기관이나 단일한 조직 대표가 존재하지 않는다. 그 대신 함께 의사결정을 내리는 구성원들에게 권력이 분산된다. DAO는 집합적으로 소유되는 협동조합과 유사하게 운영되는데, 커다란 차이점이라면 운영 과정에 블록체인 기술이 활용된다는 것이다.

DAO 구성원들은 암호화 토큰(회사의 주식과 유사한 기능을 한다)을 소유하고, 조직 운영에 책임을 진다. DAO의 의사결정 프로세스는 상향식이며, 구성원들이 조직에 이익이 되는 공동의 목표를 달성하기 위해 노력한다. 운영 및 재정과 관련된 모든 의사결정이 제안과 투표로 이루어지고, 모든 구성원이 발언권을 가진다. 블록체인 기술로 모든 의사결정에 대한 완전한 투명성이 보장되며, 어떤 구성원도 다른 구성원들의 승인 없이 DAO의 금고에 접근하지 못한다.

여러 사례에서 확인되듯이, 메타버스 플랫폼의 창립자와 투자자들은 상당한 양의 토큰을 분배받으며 독점적 의사결정 권한까지 부여받는다. 이 현상을 완화하는 차원에서 일부 메타버스는 거버넌스 토큰governance token을 플랫폼 사용자들에게 공평하게 분배하기도 했다. 이 경우 토큰의 소유권 이력이 명확하고 토큰 거래가 투명하게 이루어지기에 커뮤니티 전체가 의사결정을 하는 셈이다.

DAO가 인기를 끄는 이유는 메타버스의 지배구조에 한정되지 않는다. DAO라는 독특한 조직 모델은 웹 3.0 시대에 전통적인 기업 구조의 대안으로 여겨지기도 한다. DAO의 실시간 현황을 보여주는 플랫폼 딥다오DeepDAO에 따르면, 현재 1만 2,000개가 넘는 DAO가 존재하며 급속히 성장하고 있다. DAO가 관리하는 전체 자산이 230억 달러에 이르며, 2023년 5월 기준 제안과 투표 건수가 200만을 훌쩍 넘었다.

DAO는 고객 커뮤니티가 브랜드와 교류하고 가상의 제품을 공동 창조하는 방식에 혁신을 가져올 수 있다. 이는 메타버스 네이티브들이 공동의 목표를 설정하고 자금을 투자하는 새로운 방식이기도 하다. 즉 고객들이 함께 자금을 모아 DAO를 설립하고, 브랜드와 파트너십을 맺고, 메타버스에서 조직을 운영하고, 파트너십의 방향을 관리한다. 크리에이티브 컨설팅 업체 롱대시Long Dash가 발표한 최근 보고서를 보면, Z세대와 Y세대의 63%가 브랜드의 의사결정에 많은 영향력을 행사하고 싶어 DAO 참여를 고려한다고 한다.

이에 대한 대응으로 일부 브랜드는 고객을 메타버스 환경에 노

출시키기 위해 DAO와 파트너십을 맺거나 DAO를 설립했다. 일례로 미국의 맥주 브랜드 버드라이트Bud Light는 NFT 프로젝트인 나운스다오Nouns Dao와 파트너십을 맺고 슈퍼볼 광고에서 첫 번째 NFT와 DAO를 소개했다. 45초짜리 이 광고는 메타버스 콘서트에 참석하거나 NFT 아트 커뮤니티(갤러리가 없는 NFT 시장에서 커뮤니티 활동은 아티스트가 자신의 작품을 노출하기 위해 꼭 필요한 일이다-옮긴이)를 탐색하는 등 전통적인 규범에 도전할 가능성을 보여주는 네 가지 이야기를 들려준다. 광고에서는 젊은 층에 무탄수화물 맥주 버드라이트 넥스트Bud Light Next를 소개하며 브랜드의 고객 기반을 확장했다.

또 다른 사례로, 로레알의 닉스NYX 브랜드가 디지털 아티스트를 위한 세계 최초의 뷰티 DAO인 GOJRS를 창립했다. 이 DAO는 온라인 뷰티 인큐베이터의 역할을 하며, 크리에이터들이 디지털 아바타 메이크업을 개발하고 수익을 창출하도록 돕는다. 다양한 프로젝트가 투표로 결정되는데, 이때는 DAO의 독립성을 보장하는 차원에서 전송불가토큰Non-Transferable Token, NTT이 활용된다. DAO에는 닉스의 임원이 네 명만 포함되며, 각 임원은 토큰의 2% 지분을 보유한다. DAO 구성원들은 의사결정의 발언권을 가지므로 브랜드의 진정한 옹호자가 된다.

# 메타버스의 다음 단계는 무엇인가?

메타버스라는 주제는 한 가지 이유로 논란의 여지가 있다. 메타버스 회의론은 가상 세계 자체를 향한 것이 아니다. 가상 세계는 세계 건설 게임world building game의 형태로 수십 년 동안 존재해왔으며, 노인 세대도 메타버스가 젊은 세대의 흥미를 유발하는 이유를 이해한다. 논란의 뿌리는 인터넷의 분산화된 버전을 기반으로 하는 웹 3.0의 개념과 블록체인 기술에 있다.

웹 3.0의 옹호자들에게 메타버스의 비전은 중개자 없이 완전히 분산화되어 권력이 사용자들의 손에 놓인 세계를 말한다. 이는 매우 파괴적인 개념으로 2000년대 초 이래 널리 확산된 플랫폼 비즈니스 모델의 종말을 의미하기도 한다.

플랫폼 비즈니스 모델은 구매자와 판매자 또는 콘텐츠 크리에이터와 소비자처럼 두 당사자가 연결되는 데 권력이 존재한다는 개념을 바탕으로 한다. 이 방식 탓에 다양한 산업이 붕괴했는데, 저마다의 산업에서 전통적인 기업들을 무너뜨린 아마존, 넷플릭스, 우버, 에어비앤비, 안드로이드Android, 구글, 메타 등이 대표적인 예다. 웹 3.0에는 이 파괴자들을 붕괴시킨다는 야심 찬 목표가 깔려 있다. 더군다나 일부 웹 3.0 열성 지지자들은 암호화폐 기술을 통해 플랫폼 기업들뿐만 아니라 중앙은행 같은 전통적인 중개 기관까지 무너뜨리고자 한다. 이 때문에 웹 3.0, 결과적으로 메타버스가 논란의 주제가 됐다.

메타버스는 아직 개발 초기 단계에 있는 만큼 앞으로 10년 정도는 최대한의 잠재력을 발휘하지 못하리라는 점에 주목해야 한다. 메타버스의 최종 버전은 플랫폼의 소유주가 없이 모두가 자유롭게 정보를 교환할 수 있는 세상이다. 하지만 지금의 메타버스 개발자들, 특히 중앙화된 플랫폼의 개발자들은 주로 플랫폼이 진부해지는 걸 막는 데 집중해서 투자하는 플랫폼 기업들이다. 결과적으로 각 버전의 메타버스는 상호운용성을 갖추지 못한 채 고유한 자산과 통화를 가진 폐쇄된 생태계에 머물러 있다. 다양한 메타버스를 탐험하려는 사용자들은 각각의 메타버스에 등록해야 하며, 기존의 가상 신원 virtual identity을 다수의 메타버스에서 활용하지 못한다.

특히 2022년 암호화폐와 NFT 시장이 붕괴하고 메타의 시장 가치가 하락세를 보인 이후, 블록체인 기술은 대다수 고객에게 이해하기 어렵고 분열을 일으키는 주제로 남아 있다. 고객은 블록체인 기반의 메타버스에서 혜택을 누리길 바라면서도 암호화폐 지갑을 설정하거나 NFT를 구매하는 일과 같이 블록체인 기술과 관련한 복잡한 특징과 논란을 꺼린다. 그러므로 기업들은 웹 3.0 열성 지지자들이 아닌 일반 고객에게 메타버스를 마찰 없는 경험으로 만들어주어야 한다. 블록체인 기반의 스타벅스 오디세이 프로그램을 출시한 스타벅스가 'NFT' 대신 '여행 스탬프'라는 용어를 사용한 것이 좋은 예다.

돌아가는 상황이 썩 좋은 건 아니지만, 기업들은 여전히 이 새로운 진화의 혜택을 누릴 수 있다. 이 중간 단계(웹 2.5)는 고객 권한 부여customer empowerment라는 웹 3.0의 궁극적인 목표를 향해 나아가는 데 필요하다. 웹 2.5는 웹 2.0의 친숙함과 웹 3.0의 분산화 기술이 결합하는 단계다. 웹 2.5의 사례는 웹 3.0 기술이 기존의 로열티 프로그램 메커니즘과 매끄럽게 통합되어 탄생한 스타벅스 오디세이로 설명된다. 이와 같은 통합으로 스타벅스 고객은 기술의 복잡성에 압도당하지 않고 블록체인 기술의 이점을 누릴 수 있다.

## SUMMARY

메타버스는 물리적 세계와 매우 흡사한 몰입형 가상 세계로, 인터넷 진화의 다음 단계 또는 웹 3.0으로 여겨진다. 메타버스는 가상 자산, 아바타, 사용자 경험, 크리에이터 경제, 지배구조라는 다섯 가지 핵심 요소로 구성될 때 온전히 작동할 수 있다.

메타버스는 Z세대와 알파세대가 선호하는 소셜 미디어 포맷이기에 마케터들은 고객과 상호작용하는 대안적 방법으로 메타버스를 활용할 수 있다.

메타버스에는 탈중앙화된 메타버스와 중앙화된 메타버스라는 두 가지 유형이 존재한다. 탈중앙화된 메타버스는 블록체인 기술을 통해 연결된 사용자 커뮤니티의 거버넌스 아래 작동한다. 반면 중앙화된 메타버스는 단일 주체가 통제한다. 특히 탈중앙화된 메타버스와 관련해 여전히 회의론이 존재한다고 해도, 기업들은 몰입형 고객 경험을 전달하는 방식에 변화를 일으킬 수 있다.

**생각해볼 질문들**

- 마케팅에 메타버스를 어떻게 활용할 것인가? 당신의 회사가 속한 산업 부문에서 적용할 수 있는 구체적인 아이디어나 전략으로는 어떤 것들이 있을까?
- 마케팅에 메타버스를 활용하는 것이 윤리적이라는 점을 기업들은 어떻게 보장할 수 있을까? 또 소셜 미디어에서 나타난 부정적 측면들을 어떻게 방지할 수 있을까?

**MARKETING
6.0**
THE FUTURE
IS IMMERSIVE

# 3부

# 마켓 6.0의 경험

8장

# 다감각
# 마케팅

오감을 자극하는
몰입 경험 전달

인터넷은 집과 직장만이 아니라 우리 삶의 모든 측면에 스며들어 있다. 이런 현상은 팬데믹 시기에 사람들이 억지로 집에 머물면서 재택근무를 하고 업무시간의 경계가 모호해지면서 더욱 심해졌다. 직장인들은 집중력을 짜내야 하고 인지 능력을 한껏 발휘해야 하는 온라인 회의에 갈수록 더 자주 참석하게 됐다.

최근 소셜 미디어 분석 전문 업체 멜트워터Meltwater와 위아소셜 We Are Social이 실시한 연구에 따르면, 전 세계 일평균 인터넷 사용 시간이 모든 장치에 걸쳐 6.5시간을 초과한다. 특히 미국은 7시간에 가깝다. 인터넷 사용이 급증하면서 한편으로는 디지털 채널을 통해 고객과 연결될 기회가 확대됐다는 이점이 있지만, '디지털 피로'로 알려진 성가신 현상도 생겨났다.

디지털 피로는 인터넷이 연결된 기기를 장시간 과도하게 사용하면서 겪는 신체적·정신적 피로를 말한다. 세계 최대 회계법인 딜로이트Deloitte가 발표한 보고서에 따르면, 기술을 사용하는 세 명 중 한 명이 압도당한다고 느끼고 디지털 피로의 징후를 보였다. 이 문제가 상당한 관심을 끄는 이유는 직장에서 생산성이 떨어지고 더 심각한 정신 건강 문제를 일으킬 소지가 있기 때문이다.

이렇게 갈수록 심각해지는 문제에 대응하여 젊은 세대 사이에서 디지털 피로를 극복하는 최신 경향이 나타났다. 이른바 '디지털 디톡스digital detox'로, 인터넷과 디지털 기기를 내려놓고 화면 보는 시간을 줄이는 것을 말한다. 그 대신 친구들을 직접 만나고 커피숍 같은 '제3의 장소'에서 의미 있는 관계를 맺는 데 시간을 쓴다. 이 경향을 브랜드들이 활용하고 있다. 예를 들어, 애플은 자신의 기기 사용 패턴을 분석하고 스크린 타임screen time을 제한하게 하고 있다. 이와 유사하게 하이네켄도 스마트폰 보는 시간을 줄이고 한잔하면서 친구들과 교제할 것을 권하는 캠페인을 전개했다.

그 외 피처폰, 레코드판, 클래식 필름 카메라 같은 구식 장비를 받아들이는 '레트로 운동retro movement'이 젊은 세대 사이에서 열풍을 불러일으키고 있다. 기업들은 이 기회를 놓치지 않았다. 노키아 Nokia의 휴대전화 제조사 HMD글로벌HMD Global은 2022년 미국에서 피처폰의 매출이 상승했다고 보고했다. 또한 2022년 미국에서 팔린 음악 앨범의 43%가 레코드판이었던 까닭에 일본의 음향기기 제조 업체 오디오테크니카Audio-Technica와 소니 같은 기업들이 레코드플레이어 제품에 다시 관심을 기울이게 됐다. 마찬가지로 일회용 필름 카메라에 대한 수요도 지난 5년간 3.3배나 성장했다.

마음챙김 운동mindfulness movement도 디지털 피로의 영향으로 탄

## 디지털 피로 극복하기

**디지털 디톡스**
인터넷과 디지털 기기를 내려놓고 휴식을 취한다.

**레트로 운동**
인터넷에 연결되지 않는 구식 장비를 받아들인다.

**디지털 피로**
인터넷에 연결된 기기를 과도하게 사용해서 겪는 육체적·정신적 고갈

**마음챙김**
대개는 명상으로 촉진되는데, 마음을 온전히 쏟고 감각들을 의식한다.

**오프그리드 여행**
와이파이가 안 되는 곳이나 자연에서 안식을 찾는다.

[그림 8.1] 디지털 피로와 싸우는 최신 다감각 트렌드

력을 받았다. 흔히 명상을 바탕으로 하는 마음챙김 수련에는 현재 순간에 마음을 온전히 쏟고 몸의 감각과 감정을 의식하는 활동이 포함된다. 흥미롭게도 마음챙김은 기업 세계, 특히 구글과 메타 등의 기술 기업들이 모여 있는 실리콘밸리에서 인기를 끌었다. 본래

속도를 중시하는 기술 중심의 세계에서 마음챙김 수련은 직원들에게 내면의 균형을 잡는 도구로 자리 잡았다.

젊은 세대는 또한 디지털 피로를 없애고자 오프그리드 여행off-grid travel('오프그리드'는 전기·수도·가스 등의 에너지가 차단되어 자급자족하는 방식을 의미하는데, 잠시 속세를 떠나 자연으로 떠나는 여행이라는 의미로 확장됐다-옮긴이)을 떠나기도 한다. 디지털 기술이 끊임없이 우리를 방해하는 세상에서 실제로 전기 플러그를 뽑을 기회는 누리기 힘든 호사가 됐다. 그래서 에어비앤비 같은 플랫폼들은 에너지 공급이 안 되는 숙소를 찾는 사람들을 위한 검색 필터를 추가했으며 캠핑장, 시골 주택, 오두막, 국립공원 등 자연에 초점을 맞춘 선택지를 추천하기도 한다.

마케터들은 디지털 미디어의 확산에 한몫한 주체이므로 디지털 피로에 어느 정도 책임이 있다. 개인화가 되지 않은 채 대량으로 배포된 콘텐츠 때문에 고객은 스팸의 홍수에 빠져 가치 있는 정보를 찾기도 전에 지치고 만다. 다만, 이제 마케터들은 다감각 마케팅의 개념을 받아들여 해결사의 역할을 할 수 있다.

다감각 마케팅은 인간의 여러 감각을 자극해 긍정적인 감정을 끌어내고 행동에 변화를 불러일으키는 마케팅 활동을 의미한다. 주로 시각과 청각에 초점을 맞추는 디지털 콘텐츠 및 경험과 달리, 다감각 마케팅은 오감에 미치는 자극이 균형을 유지하게 하는 활동이다. 최신 트렌드인 디지털 디톡스, 레트로 운동, 마음챙김, 오프그리드 여행이 모두 다감각 마케팅의 형태로 일어난다. 다감각 환경에서 시간을 보낼 때 집중력이 향상되고 행복감이 증가하는 것으로 밝혀졌다. 이런 점에서 다감각 마케팅은 몰입형 고객 경험을 전달하는 데 핵심 기둥이다.

## 오감 자극

오감은 인간의 두뇌에 메시지를 전송하는 다양한 센서 역할을 하며, 환경에 대한 인식을 형성하고 의사결정에 영향을 미친다. 시각, 청각, 후각, 촉각, 미각은 실제로 고객의 마음으로 통하는 특유의 잠재의식 속 채널이 된다. 마케터들은 이 채널들을 이용해 콘텐츠의 홍수를 뚫고 고객의 관심을 사로잡을 수 있으며, 고객의 마음에 긍정적 인식을 형성하고 브랜드를 포지셔닝할 수 있다. 더욱이 다감각 접근은 분위기를 조성해 고객 경험을 강화하고 심화하는 것으로 밝혀졌다. 궁극적으로 이 접근법은 고객 행동에 영향을 미쳐 구매를 유도하는 강력한 도구가 될 수 있다.

스타벅스 같은 기업들은 자체 마케팅 전략에 다감각 기법을 적용하는 것으로 알려져 있다. 이런 기업들의 매장은 시선을 끄는 장

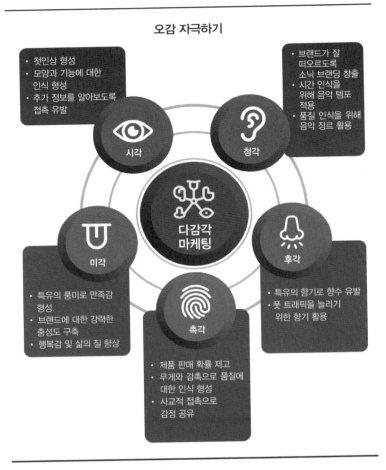

**오감 자극하기**

- 첫인상 형성
- 모양과 기능에 대한 인식 형성
- 추가 정보를 알아보도록 접촉 유발

시각

- 브랜드가 잘 떠오르도록 소닉 브랜딩 창출
- 시간 인식을 위해 음악 템포 적용
- 품질 인식을 위해 음악 장르 활용

청각

다감각 마케팅

- 특유의 풍미로 만족감 형성
- 브랜드에 대한 강력한 충성도 구축
- 행복감 및 삶의 질 향상

미각

후각

- 특유의 향기로 향수 유발
- 풋 트래픽을 늘리기 위한 향기 활용

촉각

- 제품 판매 확률 제고
- 무게와 감촉으로 품질에 대한 인식 형성
- 사교적 접촉으로 감정 공유

[그림 8.2] 다감각 마케팅 관리 방법

식과 마음을 안정시키는 잔잔한 음악을 일관된 요소로 삼는 특징
이 있다. 그런데 스타벅스는 커피 전문점 체인으로서 후각과 미각

을 자극한다는 점에서 두드러진 차이를 보인다.

스타벅스의 커피 향기는 흔히 '강렬하고 풍부하고 깊은 맛이 나며 암시적'이라고 묘사되며, 커피를 마시는 경험을 완벽하게 해준다. 스타벅스는 오래전부터 이 특유의 향기를 지켜온 것으로 알려져 있다. 스타벅스 매장 안에서는 정책에 따라 담배를 피울 수 없고 직원들이 강한 향기가 나는 향수 등을 사용할 수 없다. 심지어 냄새가 강해서 커피 향을 가리거나 없애는 제품을 배치하지 않으려고 음식 메뉴도 맞춤화했다.

인간의 다섯 가지 감각은 인간이 행동을 결정하는 데 저마다의 기능을 한다. 마케터들은 각각의 감각이 자극에 어떻게 반응하는지 이해해야만 이들을 적절히 활용해 몰입 경험을 설계할 수 있다. 더군다나 인간의 두뇌는 자극을 통합된 경험으로 인식하기에 감각 요소들의 완벽한 조합을 찾아 일관된 감각을 자극하고 궁극적으로 몰입감을 끌어내야 한다.

## 시각

시력은 인간의 두뇌에서 인식과 인지를 형성하는 가장 주요한 감각이다. 신경과학자들과 연구자들은 두뇌에서 처리되는 정보의 80%가량이 시각을 통해 획득된다고 본다. 결론을 말하자면 인간의 두뇌에서 상당한 부분이 시각적 정보를 처리하는 데 동원되며,

나머지 감각들을 통해 발생하는 자극은 비교적 작은 두뇌 영역이 처리한다.

이런 점에서 젊은 세대가 스마트폰 같은 시각적 자극에 왜 그토록 중독성을 보이는지도 이해할 수 있다. 친구들과 채팅을 하고 소셜 미디어를 사용하거나, 콘텐츠를 스트리밍하고 비디오게임을 즐기느라 장시간 스마트폰을 쳐다보는 것은 그런 중독성을 보여주는 분명한 징후다.

시각의 중요성을 고려할 때, 시력을 잃을 수도 있다는 얘기에 심한 두려움을 느끼는 사람이 70%에 달한다는 조사 결과는 전혀 놀랍지 않다. 영국의 여론 조사 기관인 유고브YouGove가 진행한 설문조사에서 얻은 결과인데, 시각 외의 감각을 잃는다는 데 두려움을 느끼는 비율은 2~7% 정도였다. 이런 차이가 생기는 까닭은 자동차를 운전하고, 컴퓨터로 작업을 하고, TV를 보거나 책을 읽는 등 인간의 일상 활동에서 시력이 상당한 역할을 하기 때문이다.

그뿐만이 아니라 인간의 눈은 특히 이미지와 관련해 놀랄 만한 처리 속도를 자랑한다. 매사추세츠공과대학교에서 진행한 연구에 따르면, 인간은 시각적 정보를 불과 13밀리초millisecond(1밀리초는 1,000분의 1초-옮긴이) 만에 처리할 수 있다. 이 연구 결과는 문자 기반의 콘텐츠보다 광고상의 시각적 단서가 고객의 반응에 매우 큰 영향을 미친다는 사실을 시사한다.

이와 관련해 마스타카드Mastercard가 로고 디자인을 변경한 사례를 주목할 만하다. 마스타카드는 서로 겹치는 빨간색 원과 노란색 원을 유지하면서 사명을 없앴다. 이후 마스타카드는 연구 조사 결과 80%의 사람들이 사명이 없어도 여전히 로고를 보고 브랜드를 인식한다고 발표했다.

마케팅 현장에서는 시각을 사로잡아야 고객 여정 전반에 걸쳐 중요한 가치를 발생시킬 수 있다. 시각 자극은 보통 제품과 서비스의 첫인상을 결정한다. 이를테면, 소매점을 방문하는 고객은 매장의 외관과 로고, 전반적인 장식을 비롯한 시각적 단서를 바탕으로 첫인상을 형성한다. 이어 매장을 유심히 둘러보면서 직관적으로 제품의 포장을 관찰하고 제품의 형태와 색상, 이미지에 관심을 집중한다.

물리적 대상이든 제품이든, 형태에 대한 평가는 의도된 기능에 대한 인식에 큰 영향을 미친다. 이와 관련한 흥미로운 사례로 스타벅스의 원형 탁자를 들 수 있다. 원형 탁자는 사각형 탁자보다 외로움을 줄이고 안정감을 느끼게 해서 사람들 간의 상호작용을 촉진한다. 결과적으로 원형 탁자의 존재가 사회적 환경에 대한 인식을 키우고, 고객의 외로운 감정을 완화한다.

시력은 촉각을 체험하게 하는 촉매가 되기도 한다. 시각 자극에 사로잡힌 고객은 자연스럽게 접촉을 통해 제품을 살펴보기 마련이다. 시각과 촉각의 상호작용은 구매 가능성을 높이는데, 판매 전략에 이 원칙을 효과적으로 적용한 기업이 바로 애플이다.

앞서도 잠깐 언급했듯이, 애플 스토어에 전시된 맥북의 스크린은 76도로 기울어져 있다. 의도적으로 각도를 기울여 고객이 본능적으로 스크린의 위치를 조정하게 함으로써 제품을 만지고 살펴보도록 유도한 것이다. 이 상호적 경험을 생성하는 애플은 시각적 참여, 제품과 관계를 맺으려는 욕구라는 양자 간의 연결성을 매우 잘 이용하는 셈이다.

이 원칙을 널리 실행하는 곳이 소비재 산업이다. 이 산업에서는 대체로 제품 포장에 발랄한 색상과 굵은 서체를 사용해 고객이 매장 선반에서 해당 제품들을 선택하도록 유도한다. 대표적인 사례로 환타와 펩시를 들 수 있다. 이 브랜드들은 시각적 정체성visual identity을 대대적으로 변경해 경쾌하고 발랄한 인식을 더욱 강화했다. 환타는 주요 로고를 변경하고 포장에 선명한 색상과 배경 그림을 더했다. 이 신선한 접근 방법은 소비자들의 마음을 끌고 재미와 흥미를 유발하는 것을 목표로 한다. 마찬가지로 펩시도 검정과 일렉트릭 블루 색상으로 이전보다 훨씬 짙어진 로고를 공개했으며, 대담하고 거침없는 브랜드 이미지를 불러일으켰다.

시각적인 힘은 기업이 주로 TV와 인쇄물, 디지털 미디어를 통해 고객과 소통하는 가장 좋은 자극제가 된다. 하지만 시각적 콘텐츠가 넘쳐나다 보니 혼란과 감각 과부하를 일으키기도 한다.

## 청각

청각은 다섯 가지 감각 중 정보수용률이 두 번째로 높다. 인간의 두뇌가 받아들이고 처리하는 정보 중 청각이 수용하는 정보의 비율은 10% 정도다. 시각 자극이 80% 정도를 차지하므로, 이 두 가지가 감각적 체험의 90%에 달해 인간의 인식과 의사결정을 형성하는 데 상당한 역할을 한다는 얘기다. 그러니 시청각audiovisual 요소들이 강조된 디지털 콘텐츠가 최근 들어 지배적인 미디어의 형태가 된 것은 놀랄 일이 아니다. 순전히 시각 요소나 청각 요소로 전달되는 정보와 비교해 통합된 시청각 자극에 대한 반응시간이 더 빠르기 때문이다.

소셜 미디어 사용자들이 정적인 이미지나 소리가 나지 않는 동영상보다 시청각 요소로 표현되는 콘텐츠를 더 잘 이해하는 현상이 대표적인 예다. 따라서 마케터는 청각적 이야기를 시각적 콘텐츠와 결합함으로써 표적 집단에 메시지를 효과 있게 전달하고 메시지의 영향력을 강화할 수 있다.

소리는 공간에 대한 인식을 강화하기에 몰입 경험을 생성하는 데 핵심 기능을 한다. 그래서 음향 환경을 통해 사람들이 공간을 인식하도록 소리풍경soundscape(소리를 뜻하는 'sound'와 풍경을 의미하는 'scape'가 합쳐진 말로, 귀로 받아들이는 풍경을 의미한다-옮긴이)이 집중적으로 개발되고 있다. 사람들은 자신이 듣는 소리가 주변 환경에 어떻게 반영되는지 인식하여 자신이 야외 공간에 있는지, 연주회장에 있는지, 붐비는 커피 전문점에 있는지, 욕실에 있는지 무의식적으로 느낄 수 있다.

나이키 아이콘 스튜디오스 Nike Icon Studios의 사례를 보자. 사진작가와 비디오작가들이 나이키의 글로벌 브랜드 캠페인을 위한 브랜드 이미지화 콘텐츠를 창작하는 곳이다. 이 스튜디오는 바닥과 천장의 자재를 세심히 선정해서 내부의 소리를 효과적으로 제어해 고품질의 음향 환경을 조성했다.

그 밖의 사례로 영국의 고급 백화점 체인 셀프리지 Selfridges와 스웨덴의 쇼핑몰 엠포리아 Emporia는 구획별로 제품군과 표적 집단에 차이를 두고 저마다 다른 시각적 디자인과 소리풍경을 구현했다. 이렇게 뚜렷이 구별되는 주제의 소리풍경 속에서 고객은 자신이 있는 곳을 정확히 파악하고 전체 공간을 어려움 없이 둘러볼 수 있다.

소리가 브랜딩에 미치는 영향도 상당히 중요하다. 소닉 브랜딩 sonic branding(청각적 요소를 활용해 특정한 브랜드를 떠올리게 하는 마케팅 기법-옮긴이)이 실제로 효과를 발휘한다는 사실이 입증된 것만 보더라도 알 수 있다. 소닉 브랜딩은 사운드 로고 sound logo(브랜드 로고에 소리를 반영한 것-옮긴이), 징글 jingle(광고 방송의 마디마다 등장하는 짧은 음악-옮긴이), 이보다 좀 더 긴 분량의 브랜드 주제곡brand theme song 같은 형태로 표현된다.

마스타카드는 소닉 브랜딩에 공을 들이는 기업 중 하나다. 결제 처리 기업으로서 스마트 스피커와 웨어러블 기기 같은 음성 제어 기기를 과감히 실험하면서 자사 브랜드의 오디오 형식을 반드시 소유해야 한다고 인식하게 됐다. 이 계획을 실현하고자 마스타카드는 빨간색과 노란색 로고를 오디오로 표현한 사운드 로고를 만들었다. 가사가 없는 이 30초 분량의 연주 멜로디가 다양한 시청각 마케팅 커뮤니케이션에 활용되며, 이 멜로디의 짧은 버전이 판매 접점에서 신용카드 결제가 이뤄질 때마다 재생된다.

마스타카드의 소닉 브랜딩은 단일 멜로디에 한정되지 않는다. 지역마다 다양한 음악 장르와 버전으로 다른 멜로디를 적용했다. 마스타카드는 여기서 그치지 않고 스포티파이에서 접할 수 있는 '프라이스리스Priceless'라는 음악 앨범을 발매했다(마스타카드는 1997년부터 '돈으로 살 수 없는 감동의 순간' 캠페인을 벌여왔다-옮긴이). 이 앨범의 특징은 소닉 브랜드를 대중음악에 절묘하게 녹인 노래들을 담았다는 것이다. 이런 유형의 소닉 브랜딩이 단순히 청취율을 대폭 높이는 것을 목표로 하지 않는다는 점에 주목해야 한다. 그보다는 브랜드 인지도를 높이고 고객과의 정서적 유대를 돈독히 하고자 하는 것이다. 소닉 브랜딩은 전통적으로 시각적 앱에 국한된 브랜드 아이덴티티brand identity에 강력한 차원을 더한다.

주변의 소리도 인식을 형성해 행동을 이끄는 작용을 한다. 음악 템포가 미치는 영향이 하나의 사례다. 템포는 음악이 진행되는 속도를 의미하며, 분당 비트 수로 측정된다. 음악 템포는 시간의 인식에도 영향을 미치는데, 마케터들은 이 효과를 활용해 자체 목표를 바탕으로 쇼핑의 속도를 통제할 수 있다.

음악의 템포가 빠를 때는 고객이 물품을 빨리 구매하는 경향이 있으며, 템포가 느릴 때는 고객이 천천히 구매하는 경우가 많다. 그래서 빠른 템포는 대개 충동적 쇼핑 행동을 유도하는 데 이용되며, 패스트푸드나 식료품 등 저가의 저관여 제품low-involvement product (가격이 싸고 상표 간에 차이가 별로 없어서 대개 관성적으로 구매하는 제품-옮긴이)에 잘 어울린다. 반면 느린 템포는 고객이 구매하기 전 오랫동안 제품의 이모저모를 살피는 보석류나 가전제품 같은 고가의 고관여 제품 high-involvement product(가격이 비싸고 구매의 리스크가 높아 장시간 정보를 찾은 후 구매하는 제품-옮긴이)에 더 적합하다.

다양한 음악 장르가 특정한 정서적 상태를 끌어내기 때문에 특정한 음악 장르를 선택함으로써 품질에 대해 구체적인 인식을 불러일으킬 수 있다. 예컨대 재즈의 율동적 형식과 즉흥성은 마음을 차분히 가라앉히는 효과를 내고 편안한 분위기를 형성한다. 재즈는 배경음악으로 사용될 때 세련미가 두드러지므로 고급 갤러리와 여성복 전문점에 매우 잘 어울린다.

　이와 반대로 소울과 R&B 음악은 경쾌한 배경음악에 더해지는 목소리의 표현이 강조되어 따뜻하고 반기는 분위기를 풍긴다. 이 장르의 음악은 손님을 초대하는 환경을 형성할 때 좋고, 특히 술집과 카페 같은 사교적 장소에 적합하다. 마지막으로, 활기찬 박자로 알려진 팝과 일렉트로닉 댄스 음악은 패션 전문점에 딱 맞는 경쾌한 분위기를 자아낸다. 이처럼 음악 장르 고유의 특징은 쇼핑 경험에 역동적인 요소를 더하며 매장의 전반적인 분위기를 연출한다.

## 후각

인간의 두뇌에서 처리되는 정보의 90%가 시각 정보와 청각 정보로 이루어져 있기 때문에 후각, 미각, 촉각 등 나머지 세 감각은 정보 처리에 각기 1~4%밖에 기여하지 못한다. 이 세 가지 감각은 우세하게 지각되진 않지만, 매우 의미 있는 기능을 한다. 요컨대, 이 세 가지 감각을 자극하여 시력과 청력에 가해지는 과도한 부담을 완화하면 디지털 피로를 줄일 수 있다. 더군다나 많은 기업이 시청각 측면에 역점을 두고 고객 경험을 생성하고 있는 만큼, 나머지 감각을 적극적으로 활용하면 경쟁 업체들과의 차별화를 꾀할 수 있다.

　냄새로 촉발되는 후각은 다감각 경험이 형성되는 데 필수 불가

결한 요소다. 물리적 공간과 디지털 공간 모두에서 효과적으로 전달되는 시청각 자극과 달리, 냄새는 물리적 공간에서만 느껴진다. 디지털 후각digital olfaction으로 알려진 신흥 분야에서는 인간의 후각을 모방하여 디퓨저 같은 장비나 콧구멍에 부착된 장치를 통해 냄새를 디지털 방식으로 전달하고자 실험하고 있다. 하지만 현재로서는 장비가 사용하기에 불편하고, 냄새 적용 범위가 물리적 경험에 한정되어 있다.

냄새의 가장 중요한 기능은 향수를 불러일으키는 것이다. 이는 냄새와 기억이 복잡하게 얽혀 있기 때문인데, 뇌의 해부학적 구조에 따라 냄새 자극이 기억 조절을 담당하는 뇌 부위에 직접 전달된다. 이 현상을 보통 프루스트 모멘트Proust moment(냄새를 통해 과거의 기억이 되살아나는 현상을 '프루스트 효과'라고 하는데 작가 프루스트가 마들렌 냄새를 맡고 어린 시절을 회상한 데서 유래했다-옮긴이)라고 한다. 냄새가 다감각 경험을 촉발해 머릿속에서 먼 과거의 일이 생생히 떠오르는 것이다.

시청각 자극의 효과가 단기에 그치는 데 비해 후각 자극은 비교적 오래간다. 향기 관련 산업에 종사하는 마케터들은 오래전부터 이 점을 적극적으로 활용해왔다. 예를 들어, 프랑스 명품 향수 브랜드인 메종마르지엘라Masion Margiela의 레플리카Replica 향수 제품군은 벽난로 앞, 도서관, 해변에서 보냈던 기억을 연상시킨다. 이와 유사한 사례로 네슬레Nestlé의 커피 브랜드인 네스프레소Nespresso는 한정판인 페스티브 배리에이션Festive Variations 커피를 출시해 가족과 크리스마스를 보낸 추억을 떠올리게 했다.

흔히 커피 전문점과 제과점 같은 외식 업체들이 풋 트래픽foot traffic(오프라인 매장의 방문자 수-옮긴이)을 늘리려고 도입하는 향기 나는 광고도 냄새를 활용한 마케팅 전략이다. 대표적인 사례로 스타벅스와 미국의 제과점 체인 파네라 브레드Panera Bread를 들 수 있다. 이들 회사는 커피를 끓이고 빵을 굽는 공간을 일부러 개방되도록 설계했다. 지나가는 사람들이 매장에서 풍기는 냄새에 자극되어 매장을 방문하고 제품을 구매하도록 유도한 것이다.

향기 나는 광고의 특징은 향기가 외부로 퍼져나가 사람들의 관심을 끌도록 강렬하고 깊은 향을 신중하게 선정해야 한다는 점이다. 그런데 이 원칙은 특히 비외식 업체의 공간에서 예외가 되기도 한다. 미국의 의류 소매 업체 아베크롬비앤피치Abercrombie & Fitch가 과거의 경험에서 교훈을 얻은 사례가 대표적이다. 이 회사는 사람들을 매장으로 끌어들이고자 시그니처 향을 개발했는데, 처음에 개발한 강한 향기가 나는 '피어스Fierce' 향수는 고객이 오히려 매장을 빠져나가게 하고 말았다. 이에 회사는 기존보다 더 은은하고 편안한 느낌의 향이 나는 '엘우드Ellwood'라는 향을 채택했다.

기업들은 또한 주변의 향기를 이용해 자사 브랜드의 특징을 연상시키기도 한다. 특히 호텔 체인들이 시그니처 향을 채택해 자사 호텔의 고유한 특색을 구현하고 있다. 대표적인 사례로, 웰니스wellness 편의시설을 강조하는 웨스틴호텔Westin Hotel은 백차White Tea 향을 풍겨서 투숙객들이 생기와 활력을 느끼게 한다. 도발적이고 화려한 라이프 스타일과 함께 현대적인 시설로 자리매김한 W호텔W Hotels은 '시트론 넘버 5Citron No.5'라는 향을 도입해 활력 넘치는 브랜드의 개성을 드러낸다. 이 향은 주변 분위기를 돋보이게 할 뿐만 아니라 브랜드 가치에 부합하는 응집력 있는 내러티브를 만들어낸다.

## 촉각

다른 감각들과 대조적으로, 인간의 신체에는 촉각을 조절하는 전담 기관이 존재하지 않는다. 촉각은 보통 피부와 관련되어 있는데, 피부는 수많은 개별 감각 신경으로 이루어져 있으며 이 신경들이 함께 작동해 촉감을 만들어낸다. 인간은 촉감을 통해 사물과 관련된 형태, 질감, 경도, 무게, 온도 등 다양한 물리적 특징을 구분할 수 있다.

기술이 발전한 덕에 촉감이 디지털 영역으로 성공적으로 이전됐다. 스마트폰의 터치스크린, 노트북의 터치패드, 게임 콘솔의 조이스틱은 사용자들에게 촉감 피드백tactile feedback을 주며, 이 기기들이 작동될 때 사용자 경험이 강화된다. 결과적으로 메타버스 같은 디지털 환경에서 촉각을 다감각 경험으로 통합할 수 있게 됐다.

촉각과 관련해 능동적 감지와 수동적 감지가 결합한다는 점에 주목해야 한다. 인간은 접촉 자극을 단순히 받아들이는 데 그치지 않는다. 사물을 적극적으로 접촉하여 그 특성을 탐구한다. 이 적극적인 참여가 중요한 이유는 고객이 제품을 자유로이 만져보고 직접 상호작용할 때 그 제품을 구매할 마음이 더 생기기 때문이다. 또한 촉각 경험은 고객이 제품의 가치를 더 잘 평가할 수 있다고 느끼게 하기 때문에 지갑을 열고자 하는 의향을 높인다.

이 현상은 소유 효과endowment effect(자신이 소유한 것의 가치를 더 과대평가하는 현상-옮긴이)라고 알려진 심리학 개념과 밀접하게 관련되어 있다. 이 개념에 따르면, 사람들은 자신이 이미 소유한 물건의 가치를 더 높게 평가하고 그 물건에 강한 애착을 가지는 경향이 있다. 고객은 제품을 직접 만져보고 사용해봤을 때 더 애착을 느끼고, 제품을 구매함으로써 이 감정을 유지하고자 할 가능성이 커진다.

특히 구매 전 장시간 탐색이 필요한 고관여 제품일수록 이런 현상이 두드러진다. 그래서 애플 스토어와 베스트바이 등의 소매 업체들은 고객이 매장에서 제품을 체험하도록 적극적으로 장려한다. 자동차 판매점과 의류 매장에서도 유사한 전술이 관찰된다. 시승과 피팅룸을 체험하는 잠재고객에게 제품을 소유했다고 느끼게 해 구매를 촉진한다.

촉각 인식은 또한 품질에 대한 고객의 인식을 형성하는 역할을 한다. 이를테면, 사람들은 책이나 잡지를 선택할 때는 무겁고 종이의 질감이 느껴지는 것을 더 고급스럽게 생각한다. 반면 스마트폰은 가벼운 무게, 알루미늄 재질의 매끄러움으로 품질을 판단한다. 이와 마찬가지로 커피를 마실 때는 종이컵보다 도자기 머그잔을 더 선호한다. 종이컵보다 도자기 잔에 담긴 커피 맛이 더 좋다고 생각하기 때문이다. 이처럼 고객이 중요하게 생각하는 구체적인 특징을 바탕으로 촉각 경험을 효과적으로 전달할 수 있으며, 더나아가 제품의 품질에 대한 인식도 형성할 수 있다.

한편, 촉각의 중요한 기능 중 하나는 감정을 전달하는 능력에 있다. 심리학자 매슈 헤르텐슈타인Mattew Hertenstein이 이끈 연구에서 밝혀진 바를 보면, 사람과 사람의 접촉이 신체의 적절한 부위에 적용될 때 분노·두려움·행복·슬픔·혐오·사랑·감사·동정이라는 여덟 가지 감정이 제대로 전달될 수 있다고 한다. 예컨대 꽉 쥔 채 움직이지 않는 것은 종종 두려움을 전달하는 것으로 해석되는 반면, 부드럽게 잡고 토닥이거나 문지르는 것은 동정심을 전달하는 것으로 여겨진다. 이 연구에서 이런 감정 전이emotional transmission의 정확도가 50%에서 78%에 이른다는 사실이 발견됐다.

대면 고객 경험에 대한 이 연구의 결과는 매우 깊은 의미가 있다. 즉, 현장 직원은 얼굴의 표정과 목소리의 어조tone뿐만 아니라 악수 같은 적절한 형태의 접촉을 통해 고객에게 감정을 전달할 수 있다. 요컨대, 촉각은 고객과 원활히 소통하고 인간적인 경험을 전하는 추가 채널로 작용할 수 있다.

## 미각

좁은 의미의 미각은 대개 달콤한 맛, 신맛, 짠맛, 쓴맛, 감칠맛(보통은 짭조름한 맛)을 포함해 인간이 혀로 감지하는 느낌을 의미한다. 그런데 미각은 다른 네 가지 감각과 얽혀서 '맛'이라는 것을 형성한다는 점에서 매우 복잡한 개념이다.

맛은 그야말로 다감각 경험이다. 옥스퍼드대학교에서 진행한 실험이 이를 증명한다. 실험 결과, 무거운 금속 숟가락을 사용할 때보다 가벼운 플라스틱 숟가락으로 요거트를 먹을 때 부드러운 크림의 느낌을 더 잘 느끼고 고급스러움을 더 느낄 수 있다고 한다. 또한 어두운 색상의 숟가락보다 밝은 색상의 숟가락을 사용할 때 요거트의 맛이 더 달콤해진다.

오클랜드공과대학교가 진행한 실험에서는 초콜릿 젤라토를 즐길 때 배경음악이 맛에 영향을 미친다는 사실이 밝혀졌다. 말하자면, 식당가에서 자극적인 음악이 흘러나왔을 때 사람들은 쓴맛을 뚜렷이 느꼈다. 반대로 경쾌한 카페 음악이 배경에 깔렸을 때, 젤

라토의 달콤함이 매우 명확히 느껴졌고 만족감도 생겼다.

　시각, 청각, 촉각 외에도 후각은 맛에 대한 우리의 인식을 형성하는 데 중요한 역할을 한다. 인간이 인식하는 맛의 80%가량이 후각에 기인한다고 한다. 사람들이 감기에 걸려 코가 막히면 음식 맛이 밍밍하다고 느끼는 이유가 바로 이 때문이다. 따라서 맛은 오감이 얽히고설켜서 생겨나고, 궁극의 다감각 경험을 생성한다.

　식음료와 전혀 상관없을 것 같은 많은 브랜드가 맛 사업을 파고들었다. 다감각 마케팅 전략으로 유명한 마스타카드를 예로 들어보겠다. 마스타카드는 다감각 마케팅을 바탕으로 다양한 시도를 해왔는데, 완벽한 오감 체험을 제공하기 위해 요리 영역에도 뛰어들었다. 회사는 프라이스리스 식당을 통해 유명한 요리사와 칵테일 기술자가 관장하는 몰입형 다감각 경험을 만들어내는 것을 목표로 하고 있다.

　가구 소매 업체 이케아도 주력 제품을 판매하면서 풍성하게 즐기는 요리 경험까지 제공하는 것으로 잘 알려져 있다. 이케아 식당은 스웨덴 미트볼 같은 상징적인 스칸디나비아 요리를 선보인다. 음식 사업은 이케아가 매장 방문객 수를 늘리는 데 매우 효과가 있었다. 방문객의 30%가 음식을 사 먹으러 매장을 찾았고, 그중 일부가 매장에서 가구를 구매했다. 더욱이 푸드홀을 설치하자 방문객들이 매장에서 머무는 시간이 늘어났고, 그에 따라 고가 제품군의 판매가 증가했다.

미각은 브랜드 충성도라는 개념과 복잡하게 얽혀 있다. 특정한 맛은 특정한 브랜드와 끈끈하게 연결되어 있어 충성도 유지에 지속적으로 영향을 미친다. 매우 흥미로운 사례 연구로 뉴코크New Coke가 있다. 고객이 펩시의 단맛을 선호한다는 블라인드 테스트 결과에 따라 1985년 뉴코크가 출시됐다. 하지만 고객의 반응은 압도적으로 부정적이었다. 고객이 코카콜라와 연관된 본연의 맛에 이미 견고하게 연결되어 있어서였다. 놀랍게도, 블라인드 테스트에서 고객이 음료의 맛을 선호하지 않아도 동일한 음료에 코카콜라 브랜드가 붙으면 선호도가 즉시 바뀌었다.

맛의 주요한 목적은 행복감을 높이고 삶의 전반적인 질을 높이는 것이다. 사람들은 양질의 음식과 기분 좋은 맛이 삶의 높은 질과 밀접하게 연관된다고 인식해왔다. 질병 때문에 식단 조절을 하느라 특정한 음식을 섭취하지 못하는 환자들이 동기와 행복감을 덜 느낀다는 사실만 봐도 알 수 있다. 최근 실시된 연구의 결과에 따르면, 코로나19 후유증으로 후각과 미각을 상실하는 무후각증anosmia에 빠진 개인들은 우울감과 불안이 심해져 고통을 받았다. 이를 보더라도 삶의 전반적 질을 높이는 데 맛이 필수적인 작용을 한다는 점이 분명해진다.

맛이 행복감에 미치는 영향은 우리가 지인 및 가족과 모여 소통하는 식사의 사회적 특성과 상당히 관련이 깊다. 이 개념을 인식한 소매 업체들은 매장 내 음식점 공간을 사회적 경험을 전달하는 데 사용한다. 맛의 다감각적 측면을 공동의 식사 분위기에 결합함으로써 기업들은 고객 경험 전반을 새로운 정점으로 끌어올릴 수 있다. 이는 디지털 영역에서는 거의 재현하지 못하는 것이다.

## 다감각 경험 구축

각각의 경험이 고객의 마음에 영향을 미치는 과정을 이해해야 마케팅 차원에서 고객을 감각적 체험에 참여시킬 방법을 모색할 수 있다. 인간은 일상에서 다감각 자극을 체험하고, 인간의 두뇌는 이 자극들을 하나의 통일된 경험으로 처리한다. 따라서 이 자극들을 조화롭게 조절하는 것이 관건이며, 이 자극들이 계속 조화를 이루고 통합될 때 의도된 효과가 발생한다. 다감각 경험은 보통 주요한 세 단계를 거쳐 형성된다(그림 8.3 참고).

### 1단계: 핵심 목표 결정
초기 단계에서 다감각 경험으로 일으키고자 하는 효과를 결정한다. 마케터는 다감각 접근 방법을 이용해 본질적으로 세 가지 목표

## 다감각 경험 구축하기

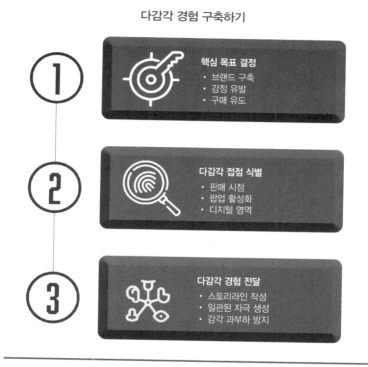

① 핵심 목표 결정
- 브랜드 구축
- 감정 유발
- 구매 유도

② 다감각 접점 식별
- 판매 시점
- 팝업 활성화
- 디지털 영역

③ 다감각 경험 전달
- 스토리라인 작성
- 일관된 자극 생성
- 감각 과부하 방지

[그림 8.3] 다감각 경험을 설계하는 세 단계

를 달성할 수 있다.

첫째, 다감각 접근 방법을 채택해 뚜렷이 구분되는 감각 요소들과 브랜드 간 연관성을 설정하여 브랜드를 구축할 수 있다. 예를 들어 브랜드는 독특한 소리, 향기, 맛과 연관될 수 있으며 그에 따라 주요한 시각 요소를 넘어 브랜드 인지도가 확대된다.

둘째, 다감각 접근 방법은 브랜드 입장에서 고객이 경험하길 원하는 감정을 끌어내는 데도 중요하다. 이를 통해 기업들은 자사 브랜드와 고객 사이의 특정한 접점에 어울리는 분위기를 조성할 수 있다. 이를테면, 주변에서 풍기는 향기와 배경음악을 맞춤화해 목적에 부합하도록 안정감 또는 경쾌한 분위기를 유도할 수 있다.

마지막으로, 다감각 접근 방식은 고객의 구매 행동을 유도하는 강력한 수단이다. 고객이 제품을 체험할 때 다수의 감각, 특히 촉각을 자극하면 고객의 구매 결정을 이끄는 데 도움이 된다.

## 2단계: 다감각 접점 식별

2단계에서는 고객 여정 전반에 걸쳐 다감각적 단서를 적용할 기회를 식별한다. 브랜드들이 고객 여정의 지도를 그리고 감각 자극을 적용하기에 가장 적합한 접점을 결정해야 한다는 뜻이다. 근본적으로 브랜드들이 다감각 경험을 효과적으로 전달할 수 있는 세 가지 중요한 접점이 있다.

첫째, 기업들은 소매점, 음식점, 카페, 기타 거래가 일어나는 장소를 비롯한 판매 접점에서 감각적 단서를 이용할 수 있다. 이런 장소는 브랜드를 감각적으로 표현하는 역할을 하여 몰입형 경험을 할 수 있게 한다.

둘째, 브랜드 활성화 캠페인이나 임시 전시회가 진행되는 팝업 공간에 다감각 접근 방법을 적용할 수 있다. 팝업 공간은 판매 장소와 달리 보통 쇼핑몰이나 공공 구역 같은 대규모 공간 내에 자리한다. 이 공간은 흔히 신제품을 출시하거나 새로운 마케팅 캠페인을 시행하는 데 사용되며, 브랜드 제공과 관련한 특정한 측면에 초점이 맞춰진다.

셋째, 감각적 단서가 주로 촉각 자극이 포함된 시각과 청각 요소에 한정되긴 하지만 다감각 경험은 디지털 영역으로 확장될 수도 있다. 메타버스에서 활동하는 브랜드는 역동적인 시청각 요소들을 가지고 고객과 관계를 형성하며, 보통 IRL(현실 세계) 경험으로 확장해나간다.

## 3단계: 다감각 경험 전달

마지막 단계에서는 고객 경험 전반을 통틀어 일관성 있고 매끄러운 다감각 자극을 전달한다. 앞서 설명했듯이, 각각의 감각적 단서는 제품의 고유한 품질 및 브랜드 가치와 연관된 특정한 메시지를 전한다. 이 일관성을 유지하려면, 브랜드 메시지에 부합하는 포괄적인 스토리를 반드시 설정해야 한다.

스토리가 설정되고 나면, 모든 감각적 단서를 내러티브에 일치시키는 일이 중요해진다. 브랜드들은 자극들 사이의 일관성이 유지되도록 해야 한다. 이 자극들은 서로 모순되어서는 안 되며, 동일한 감정을 불러일으키고 제품의 특징과 일관되게 연관되도록 해야 한다.

이 접근 방법은 디즈니Disney의 테마파크 디자인에서 효과를 분명히 드러냈다. 디즈니 테마파크의 목표는 인기 캐릭터를 현실로 데려오고 책과 영화의 스토리를 생생히 구현해 마법의 세계를 연출하고 상상을 현실로 만들어 방문객들에게 몰입 경험을 선사하는 것이다. 모든 놀이 기구는 친숙한 이야기의 줄거리와 구성, 캐릭터들로 세심히 디자인됐다. 더욱이 테마파크 곳곳에서 행진과 라이브쇼, 캐릭터와의 만남 행사 등이 열리고, 각종 행사에 등장하는 인기 캐릭터들과 방문객들이 교감하는 시간이 펼쳐진다. 심지어 식사하는 공간도 테마 식당들로 이루어져 있어 캐릭터가 있는 음식을 즐길 수 있다.

한편, 감각 과부하를 반드시 방지해야 한다. 자극이 강하다고 해서 고객 경험이 향상된다는 보장은 없다. 만약 다양한 자극들이 고객을 과도하게 압박한다면 오히려 고객을 브랜드에서 멀어지게 할 수 있다. 가장 성공적인 감각적 단서는 대부분 미묘하고 암시적이다. 그에 적합한 성공 공식을 찾는 것이 핵심이다.

## SUMMARY

인터넷과 디지털 기기를 과도하게 사용할 때 디지털 피로를 겪는다. 이 피로의 원인은 주로 감각 과부하다. 홍수처럼 넘쳐나는 시청각 콘텐츠가 주요한 두 가지 감각인 시각과 청각에 집중되는 탓이다. 다감각 마케팅 관리 방법은 오감을 모두 자극함으로써 특정한 감각의 부담을 완화하여 디지털 피로를 해소하는 수단이 될 수 있다. 그런데 온전한 다감각 경험은 주로 오프라인 환경에서 전달할 수 있으며, 몇 가지 감각적 자극을 모방할 순 있더라도 가상의 영역에 적용하는 데는 한계가 있다.

각각의 감각 자극은 사람들에게 저마다 특정한 메시지로 다가가며, 브랜드의 개성과 제품의 품질을 형성한다. 더 나아가 각각의 단서는 감정을 유발하고 구매 행동을 유도하는 데 저마다의 기능을 한다. 다감각 마케팅에 성공하는 비결은 이 감각 자극들을 일관성 있게 조정하는 것이다.

### 생각해볼 질문들

- 당신 회사의 제품과 고객 경험에 다감각 요소들을 적용하려면 어떻게 해야 할까? 다감각 마케팅을 실행하기 위해 회사에서는 어떤 혁신적인 전략을 준비하고 있는가?
- 앞으로 디지털 기술은 디지털 환경에서 몰입형 다감각 경험을 온전히 구현할 수 있는 수준까지 발전할까? 그렇다면 압도적인 디지털 피로 탓에 가상 경험에 부정적 영향이 미치는 상황을 방지하기 위해 브랜드는 어떤 단계를 밟아야 할까?

9장

# 공간
# 마케팅

## 인간과 기계의
## 상호작용 구현

과거에 인간은 버튼과 스위치를 조작하는 방법으로 기계와 상호작용했다. 그러다가 개인용 컴퓨터가 등장하면서 자판과 마우스 같은 새로운 상호작용 수단이 도입됐다. 이와 유사하게 초창기 스마트폰은 물리적 자판과 스타일러스로 조작했다. 그런데 2007년 1세대 아이폰에 터치스크린이 주요한 인터페이스로 도입되어 대중화되면서 스마트폰 산업의 판도가 바뀌었다. 얼마 지나지 않아 터치스크린은 대부분의 스마트폰에서 볼 수 있게 됐으며 직관적인 인간-기계 인터페이스로 정착했다.

오늘날 스크린은 사람들이 물리적 영역과 디지털 영역을 넘나드는 통로가 됐다. 사람들은 이제 스마트폰의 스크린과 태블릿, 셀프서비스 키오스크, ATM, 자판기 등과 직관적으로 상호작용한다. 심지어 사회적 상황이나 커피 전문점 같은 물리적 공간에서도 개개인이 자신의 스마트폰에 관심을 돌려 스스로 디지털 세계에 몰입한다.

기술이 발전을 거듭함에 따라 이와 같은 매우 자연스러운 인간-기계 상호작용이 더욱 촉진되고 있다. 우리는 발전된 기술이 대부분 인간의 능력과 행동을 모방하도록 설계되어 인간과 매우 잘 상호작용할 수 있다고 생각한다. 인공지능이 대표적인 예인데 학습, 문제 해결, 의사결정 같은 인간의 인지 능력을 복제하려고 하기 때문이다. 특히 인공지능의 한 분야인 자연어 처리는 인간과 언어 간의 상호작용을 모방하는 데 초점을 맞추고 있다. 그에 따라 챗봇과 음성 비서 같은 기계가 텍스트나 음성 형태의 요청을 이해하고 처리한다.

센서는 인간의 감각을 모방하는 매우 중요한 기능을 한다. 일례로 얼굴과 이미지를 인식하는 기술은 인간의 시각을 복제해 기계가 인간과 유사하게 사물을 식별하고 구분하게 하는 것이다. 로봇공학Robotics도 인간의 움직임과 행동을 모방해 로봇이 걷기, 들어 올리기, 오르기 등의 작업을 실행해서 인간을 대신해 육체적으로 힘든 활동을 하도록 연구하는 분야다.

인간의 상상력, 즉 물리적 형태가 없는 추상적 개념과 발상을 이해하는 고유의 능력도 기술이 발전하는 과정에 영감으로 작용했다. 증강현실, 가상현실, 혼합현실을 아우르는 확장현실은 물리적 세계와 디지털 세계가 혼합된 몰입 경험을 창조함으로써 인간의 상상력을 재현하는 기술이다. 마찬가지로 메타버스도 인간의 상상력에서 영감을 얻은 것으로, 사람들이 교류하고 탐험하는 상상 속 가상의 공간을 말한다.

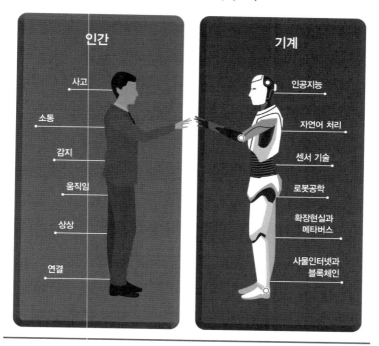

선진 기술로 떠오른 바이오닉스

[그림 9.1] 인간 모방 기술

인간의 타고난 사회적 본성 역시 상호연결성을 창출하는 기술에 영감으로 작용했다. 예컨대 사물인터넷은 다양한 기기를 연결하고, 이 기기들이 서로 통신하고 데이터를 공유하게 해주는 시스템이다. 이런 상호연결성을 통해 다양한 기기의 자동화와 제어가 매우 효율적이고 원활하게 실현된다. 또 다른 예로, 분산된 데이터베이스의 한 형태인 블록체인은 상호연결된 컴퓨터들로 탈중앙화된 네트워크가 형성되어 중개자 없는 안전한 거래를 가능하게 하는 기술이다.

본질적으로 첨단 기술은 많은 경우에 인간의 능력을 모방하려고 한다. 인지 기능을 복제하고 의사소통을 가능하게 하거나 인간의 감각을 모방하고 물리적 동작을 가능하게 하는가 하면, 상상적 경험을 만들어내고 상호연결성을 강화하는 등 이 모든 일이 기술로 가능하다. 이런 첨단 기술 덕에 인간과 인간을 닮은 기계 사이에 음성 명령, 안면인식, 손동작을 비롯한 자연스러운 상호작용에 대한 새로운 가능성이 생긴다.

이렇게 발전된 기술을 활용할 수 있는 신흥 분야가 바로 공간 컴퓨팅인데, 이를 통해 인간은 물리적 공간 안에서 기계 및 디지털 콘텐츠와 상호작용할 수 있다. 스크린 기반의 상호작용도 여전히 의미가 있지만, 공간 컴퓨팅은 기계와 상호작용하는 데 훨씬 더 자연스러운 방법을 제공한다.

사람의 존재만으로 기기를 작동시키는 기술이 좋은 예다. 스마트 홈에서 이를 확인할 수 있다. 거주자가 집에 있으면, 터치스크린 제어 장치를 조작할 필요 없이 조명과 온도가 자동으로 조절된다. 또는 음성 명령을 설정하거나 손동작을 이용해 방의 분위기를 바꿀 수도 있다.

한편, 공간 컴퓨팅이 계속 발전하면서 물리적 경험과 디지털 경험의 융합이 한층 더 강화됐다. 소매 경험에 공간 컴퓨팅을 적용한다고 상상해보자. 매장에 들어서는 고객이 다양한 센서에 감지되고, 그 즉시 고객의 스마트폰에 인앱 알림이 전달된다. 안면인식 카메라가 매장 방문객의 인구통계학적 프로필을 확인하고, 곧이어 LED 전광판에 불이 들어오며 그날의 프로모션이 맞춤화되어 추천된다.

이런 유형의 체험 마케팅experiential marketing을 공간 마케팅이라고 부르며, 마케터는 공간 컴퓨팅을 활용해 상호작용적인 물리적 환경 안에서 제품을 소개하고 프로모션을 진행할 수 있다. 또한 가상의 3D 경험을 물리적 공간에 중첩할 수 있으며, 사용자들은 디지털 요소들이 접목된 환경과 상호작용할 수 있다.

디즈니가 테마파크, 호텔, 크루즈선 같은 실제 세계에 가상 세계를 투영하는 '가상 세계 시뮬레이터virtual-world simulator'의 특허를 등록한 것이 공간 컴퓨팅의 탁월한 사례다. 이 혁신적인 기술을 이용해 디즈니는 방문객들의 움직임을 관찰하고, 방문객들이 다가가는 3D 표면과 사물에 멀티미디어 콘텐츠를 투영한다. 그에 따라 방문객들은 테마파크의 다양한 놀이 기구를 둘러보면서 3D 홀로그램 캐릭터들과 교류할 수 있다. 이 최첨단 기술은 사용자가 보고 있는 실제 세계에 디지털 콘텐츠를 겹치기에 증강현실로 분류되기도 한다. 주요한 차이점은 추가 장치 없이도 작동해 방문객들에게 마찰 없는 경험을 전달한다는 것이다.

공간 마케팅은 물리적 공간의 활용성을 디지털 인터페이스의 높은 호소력과 결합하는 기법이다. 이렇게 물리적 영역과 디지털 영역 사이의 모호한 경계가 완벽하게 매끄러운 '피지털' 경험으로 이어진다. 마케터들은 이 마케팅 기법을 활용해 피지털 네이티브인 젊은 세대 고객의 수요를 충족시킬 수 있다.


## 공간 마케팅이란

공간 마케팅은 대면 경험의 중요한 측면인 인간의 상황 인식 능력을 모방한 마케팅 전략이다. 전통적인 오프라인 환경에서 고객을 분석하고 개인화된 제안을 하고 양방향 참여를 끌어낼 때는 인간이 개입해야 한다. 결과적으로 현장 직원은 자신이 서비스를 제공하는 고객과 주변 환경에 대한 충분한 이해를 바탕으로 의사결정을 내리는 중요한 역할을 담당한다.

이 과정을 자동화하기 위해 공간 마케팅에서는 최근 생겨난 세 가지 마케팅 개념인 근접 마케팅, 맥락 마케팅, 증강 마케팅augmented marketing이 통합된다. 근접 마케팅을 통해 마케터는 물리적 위치에 있는 고객의 존재를 식별할 수 있다. 이와 같은 공간 인식을 활용해 맥락 마케팅을 펼침으로써 적절한 시점과 위치에서 적합한 콘텐츠를 전달할 수 있다. 또한 증강 마케팅을 통해 가상 요소를 통합하여 실제 경험을 향상시킴으로써 전반적인 고객 경험을 더욱 매력적이고 몰입감 있게 만들 수 있다.

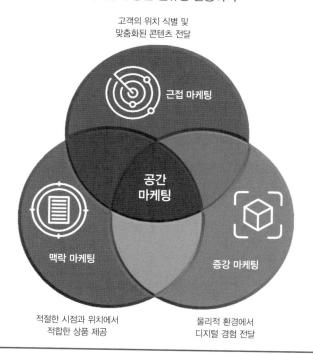

마케팅에 공간 컴퓨팅 활용하기

고객의 위치 식별 및
맞춤화된 콘텐츠 전달

근접 마케팅

공간
마케팅

맥락 마케팅

증강 마케팅

적절한 시점과 위치에서
적합한 상품 제공

물리적 환경에서
디지털 경험 전달

[그림 9.2] 공간 마케팅이란

마케터는 이 세 가지 마케팅 전략을 통합해 현장에서 디지털 기술을 사용하는 인간 직원들의 상황 인식을 복제할 수 있다. 결과적으로 고객 경험을 더욱 참신하게 만드는 것은 물론 일관되고 확장 가능한 경험을 전달할 수 있다.

## 근접 마케팅

공간 마케팅의 성공 여부는 디지털 방식으로 증강된 물리적 환경이 근처에 있는 고객을 인식하고 그들과 의미 있는 소통을 시작하는 능력에 달렸다. 따라서 근접 마케팅은 마케터가 고객의 정확한 위치를 확인하고 그에 따라 맞춤화된 콘텐츠를 전달하는 효과적인 수단이 된다.

근접 마케팅에서는 지오펜싱geofencing(지리적 영역에 가상의 경계를 만드는 기술-옮긴이), 와이파이, 블루투스 비콘을 포함한 위치 기반 기술을 통해 고객의 위치가 감지된다. 이 기술들은 스마트폰과 같은 고객의 기기와 연결되어 고객의 위치를 정확히 찾아낸다.

또한 소매점 환경에서는 고객이 스마트폰을 사용해 QR 코드를 스캔하거나 특정한 구역에 있는 NFCNear-Field Communication(근거리 무선통신) 태그에 접촉해 제품의 정보를 찾을 때, 고객의 위치를 확인할 수 있다. 그래서 소매 업체들 대부분이 제품의 꼬리표에 QR 코드를 부착하거나 제품에 NFC 칩을 내장한다.

인공지능 기반의 안면인식 기술을 활용해도 고객의 실제 위치를 확인할 수 있다. 소매 업체들이 고객의 인구통계학적 프로필을 확인하는 용도로 안면인식 카메라를 설치하는 것이 좋은 예다. 월그린의 스마트 냉장고는 손님의 나이와 성별을 추론해 특정한 청량음료를 추천해준다. 한편, 중국의 간식 전문점 체인 량핀푸쯔良品铺子는 알리바바Alibaba의 안면인식 기술을 사용해 데이터베이스에 있는 신원을 확인하고 구매 이력을 바탕으로 제품을 추천해준다.

인공지능 기반 카메라를 이용해도 기업들은 표정과 몸짓을 분석해 고객의 기분과 감정을 감지할 수 있다. 이 카메라는 고객의 심리상태에 적합한 어조로 전달하는 맞춤형 광고에 유용하다. 디지털 옥외광고에 내장된 카메라가 사람들의 기분과 인구통계학적 데이터를 감지해 맞춤화된 광고를 표시하는 사례가 대표적이다.

또 다른 예로 세계 최대의 옥외광고 기업 제이씨데코JCDecaux는 오스트레일리아에서 행인의 표정을 감지해 감정까지 측정하는 디지털 광고를 구현했다. 이 혁신적인 기술은 요플레Yoplait의 요거트 스무디를 광고하기 위한 'Fix your Hanger(허기를 달래세요)' 캠페인에 활용됐다. 이 기술이 적용된 광고 패널은 행인의 기분을 판단하고 그 감정에 적합한 스무디 무료 교환권을 나눠준다.

그런데 다른 무엇보다도 이런 마케팅을 진행하려면 근접 마케팅과 연관된 개인 정보 보호 문제를 해결해야 한다. 근접 마케팅은 권한 기반 모델을 토대로 운영되며, 고객이 기업에 대해 자신의 위치를 추적하고 안면인식 정보를 저장할 권한을 부여하거나 거부할 수 있게 해야 한다. 이와 같은 윤리적 고려 사항을 염두에 두고 근접 마케팅을 실행할 때, 마케터들은 매우 효과적인 제안을 전달할 수 있다.

월마트, 타깃, 크로거, 메이시스Macy's, CVS를 비롯한 다수의 소매 업체는 근접 마케팅을 도입해 특히 인근 지역과 실제 위치 내에서 특성화된 광고 메시지를 전달하는 등 폭넓은 범위에서 활용해 그 이점을 톡톡히 누리고 있다. 가장 주목할 만한 이점은 매장에 유동인구를 끌어들일 수 있다는 것이다. 즉, 매장 근처를 지나는 고객은 스마트폰 앱으로 프로모션 제안과 매장 약도에 대한 알림을 받을 수 있다.

더 나아가 근접 마케팅으로 매장 내 광고의 효과를 높일 수 있다. 요컨대, 소매 업체들은 점포 내 여러 통로와 구역을 돌아다니는 고객을 추적할 수 있다. 고객이 특정한 제품에 관심을 보이며 특정한 위치에서 지출을 많이 하는 모습이 감지될 때, 맞춤화된 프로모션을 자동으로 전달할 수 있다. 이처럼 위치에 특성화된 제안이 구매 결정을 유도하는 데 매우 효과가 있다는 사실이 확인됐다.

근접 마케팅은 매장을 돌아다니며 제품을 찾는 고객을 지원하는 데 중요한 수단이다. 소매 업체들은 근접 마케팅을 자사의 모바일 앱에 적용해 고객이 원하는 물품을 수월하게 찾고 해당 물품의 위치를 실시간으로 확인하게 할 수 있다.

여기에 더해 매장에서 보내는 시간, 매장 내에서 이동한 경로, 매장 내 프로모션의 효과 등 고객 행동에 대한 가치 있는 통찰을 수집할 수 있다. 이 정보는 소매 업체들이 제품 구색을 개선하고, 점포 배치와 제품 진열을 조정하고, 제품 프로모션을 더욱 효과적으로 설계하는 데 유용한 것으로 증명됐다.

## 맥락 마케팅

눈여겨봐야 할 공간 마케팅의 또 다른 측면은 개인화된 상호작용이 구현된 것으로, 흔히 맥락 마케팅이라고 한다. 이 마케팅 전략은 온라인 광고에서 널리 활용되며, 대중이 보고 있는 웹 페이지의 콘텐츠에 매우 부합하는 방향으로 광고가 맞춤화된다.

이 과정이 실현되려면, 맥락 마케팅 시스템이 알고리즘을 이용해 대중이 참여하는 온라인 환경을 파악해야 한다. 이 시스템은 대중이 소비하는 콘텐츠를 분석하여 콘텐츠의 주제와 맞는 광고 인벤토리ad inventory(광고 지면, 광고가 노출될 수 있는 공간의 개수를 의미한다-옮긴이)를 식별하고 보여준다. 이를테면, 자동차 소개 영상을 보는 사람들에게는 자동차 액세서리 광고가 전달되고, 스포츠 뉴스 사이트의 콘텐츠를 읽는 사람들에게는 스포츠용품점 광고가 뜨는

식이다.

공간 마케팅의 등장으로 물리적 공간에 디지털 기술을 접목해 실제 환경에서 맥락 마케팅을 구현할 수 있게 됐다. 앞서 얘기한 바와 같이 근접 마케팅은 고객의 신원과 인구통계학적 데이터, 현재 위치, 구매 행동을 비롯한 광범위한 고객 정보를 수집하는 데 중요한 수단이다. 기업들은 추가적인 데이터를 통합해 데이터세트를 풍부하게 함으로써 이면에서 작동하는 인공지능이 실제 맥락을 더 잘 이해하게 할 수 있다.

일단 고객의 신원이 확인되면, 인공지능은 충성도 프로그램 데이터에 접속해 구매 이력 데이터를 찾는다. 이때 기업은 인공지능 알고리즘을 활용해 고객과 자사의 관계를 파악하고 크로스 셀링 cross-selling(교차 판매, 고객에게 추가 제품이나 서비스를 판매하는 전략-옮긴이)과 업 셀링up-selling(상향 판매, 수익을 늘리기 위해 고객에게 더 비싼 품목을 판매하는 전략-옮긴이)의 기회를 평가할 수 있다. 이 분석을 바탕으로 고객에게 가장 적합한 제품과 관련 콘텐츠를 제안할 수 있다.

예를 들어, 식료품 소매 업체들은 고객들이 이전에 구매한 품목을 기준으로 개별 고객이 어떤 식료품을 언제 다 소진했을지 예측해서 해당 품목의 구매를 제안하고 재고를 보충할 수 있다. 또한 서로 보완되는 항목들을 추천할 수도 있다. 스포츠용품점에서 이전에 테니스 라켓을 구매한 고객에게 테니스공 보관 용기를 추천

해주는 것이 좋은 예다. 이와 마찬가지로 백화점에서는 수영 기저귀를 구매한 이력이 있는 고객에게 어린이용 자외선 차단제 제품을 추천해줄 수 있다.

나아가 기업들은 세계 곳곳에서 일어나는 각종 사건과 사고, 시간대, 기상 상태 같은 외부 환경 정보도 통합할 수 있다. 이를테면, 맥도날드의 일부 매장과 드라이브 스루점이 활용하는 디지털 메뉴판은 교통, 시간대, 날씨에 따라 동적으로 메뉴를 바꿔 보여준다. 즉, 더운 날씨에는 맥플러리와 셰이크처럼 차가운 메뉴를 표시하고, 추운 날씨에는 카푸치노나 핫초콜릿 같은 뜨거운 메뉴를 보여주는 식이다. 만약 고객이 짠 음식을 주문할 때는 균형을 맞추기 위해 메뉴판에 탄산음료가 추천될 것이다. 또한 드라이브 스루에서 서비스를 신속히 제공하고 대기 시간을 최대한 줄이기 위해 메뉴판의 화면에 빨리 제공되는 음식이 추천되기도 한다.

과거에는 물리적 공간에서 맥락화된 경험을 전달하기 위해 고객의 마음을 읽는 현장 직원의 수완에 의존했다. 그래서 직원이 고객의 욕구와 비언어적 단서에 주의를 기울여야 했다. 직원들이 고객을 알아보고 미리 소통해 개인화된 서비스를 제공하기도 했는데, 고객에게 가장 적합한 품목을 추천하려면 제품에 대한 지식을 쌓아야 한다. 그렇지만 이 방법은 효과는 있을지 몰라도 효율적이지 않다. 요즘에는 이 관행이 자동화되어 대량 맞춤화도 가능해졌다.

## 증강 마케팅

기업들은 대면 경험을 우선시하면서 물리적 공간 내 고객 여정의 수준을 높이기 위해 점점 더 공간 컴퓨팅으로 초점을 전환하고 있다. 공간 컴퓨팅을 활용하는 기업들은 디지털 경험의 층을 더해 물리적 경험을 보완할 수 있는데, 이 개념을 증강 마케팅이라고 한다.

이를 실현하는 실용적 방법은 고객이 이제는 제품 자체보다 경험 측면에 더 가치를 둔다는 점을 인식하고 제품 경험Product Experience, PX을 풍부하게 하는 기술을 활용하는 것이다. 이와 관련해 패션 · 미용 소매 업체들이 증강현실을 활용해 고객이 온라인 쇼핑을 하면서 화장과 의류 제품을 체험하도록 한 사례를 주목할 만하다. 이 기술을 이용하는 고객은 다양한 제품이 자신의 신체와 어떻게 어울리는지 시각화해 구매 결정에 참고할 수 있다.

소매 업체들은 이 몰입 경험을 오프라인 점포에도 확대 적용했다. 대표적으로 세포라는 립스틱, 아이섀도, 아이라이너에 대한 가상 체험 기능을 구현했다. 고객은 폭넓은 범위의 제품을 살펴본 후 원하는 제품을 직접 체험할 수 있어 선택 과정이 간소화된다. 더군다나 제품의 지식을 쌓고 재미까지 쏠쏠한 방법으로 자신의 취향에 딱 맞는 제품을 찾기 때문에 고객의 구매 의향이 높아진다.

기업들은 또한 물리적 공간과의 상호작용을 장려하여 매장 내 고객 경험을 강화하기도 한다. 소매 업체들이 스케빈저 헌트 scavenger hunt(일종의 보물찾기 게임-옮긴이) 같은 게임화 경험을 도입해 고객이 점포의 여러 구역과 상호작용하며 포인트를 모으게 한 사례가 대표적이다. 또한 고객은 터치스크린이나 제스처 컨트롤 gesture control 기술을 갖춘 대화형 디지털 디스플레이를 통해 매장 내부의 디지털 콘텐츠를 이용하고 경험해볼 수 있다.

이 접근법의 아주 좋은 예가 중국에서 개점한 버버리의 소셜 리테일 매장이다. 이 매장은 소셜 미디어를 매장 내 경험에 순조롭게 접목했다. 고객은 인기 소셜 미디어 플랫폼인 위챗을 이용해 버버리가 권하는 대로 매장의 제품들을 자세히 살펴본다. 각각의 제품에는 스캔이 가능한 QR 코드가 부착되어 있으며, QR 코드를 스캔하면 매장의 디지털 화면이나 고객의 모바일 기기에 제품의 스토리와 콘텐츠가 표시된다. 또한 고객은 상호적 활동을 할 때마다 포인트를 얻어 다양한 혜택을 누릴 수 있다.

나아가 매장에 설치된 대화형 윈도 디스플레이가 브랜드의 패션 컬렉션을 선보일 뿐만 아니라 고객의 체형에 적응하고 움직임에도 반응한다. 이 역동적인 디스플레이가 독특하고 개인화된 시각적 경험을 생성한다. 고객들이 이 모습을 포착해 소셜 미디어 플랫폼에 공유하기도 하며, 그 덕에 브랜드의 영향력이 확대되고 독점성이 생긴다.

셀프리지 런던 매장은 증강 마케팅의 또 다른 본보기를 보여준다. 이 매장은 패션 매장에서 흔히 보이는 전통적인 마네킹 진열장을 완전히 새로운 모습으로 탈바꿈시켰다. 이 매장의 진열창에는 디지털 기술이 적용돼 매장에서 판매되는 제품을 예술적인 3D 동영상으로 구현해 보여준다. 고객은 QR 코드를 스캔하여 진열창에 생성된 품목을 바로 구매할 수도 있다.

공간 마케팅을 시행하는 기업들은 디지털 경험으로 강화된 물리적 경험을 전달한다. 즉 고객은 물리적 매장에서 제품을 비롯한 다양한 요소들과 상호작용하며 완전한 몰입 경험을 할 수 있다. 요컨대, 기업들은 현실에 가상의 층을 중첩하여 고객 여정을 더욱 편안하고 재미있고 상호적인 방향으로 강화한다.

## 공간 마케팅 시행

물리적 소매 환경에 디지털 경험을 제대로 접목하기 위해서는 3단계 프로세스를 따라야 한다(그림 9.3 참고). 먼저 고객의 페인 포인트 pain point (고객이 제품이나 서비스를 이용할 때 불편함을 느끼는 지점-옮긴이)를 파악해야 한다. 여기에는 제품 발견 단계에서 발생하는 어려움

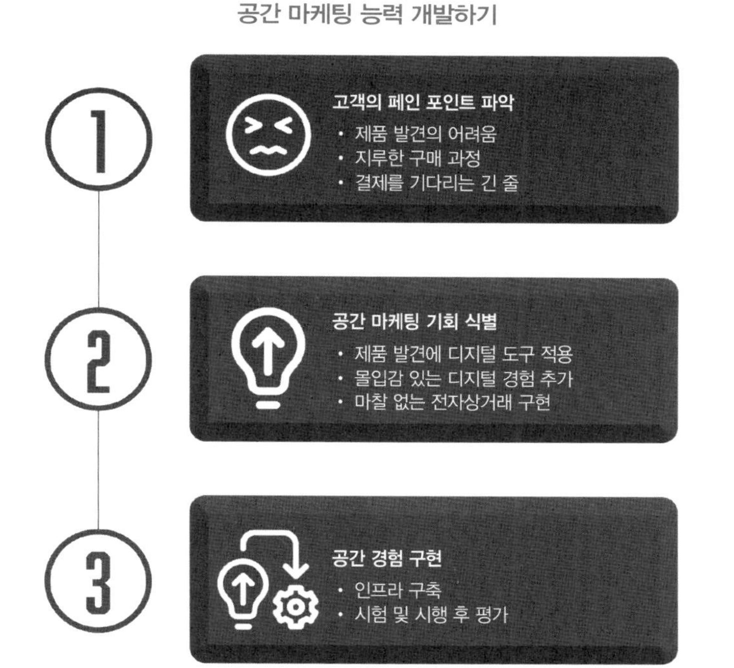

공간 마케팅 능력 개발하기

1
**고객의 페인 포인트 파악**
· 제품 발견의 어려움
· 지루한 구매 과정
· 결제를 기다리는 긴 줄

2
**공간 마케팅 기회 식별**
· 제품 발견에 디지털 도구 적용
· 몰입감 있는 디지털 경험 추가
· 마찰 없는 전자상거래 구현

3
**공간 경험 구현**
· 인프라 구축
· 시험 및 시행 후 평가

[그림 9.3] 공간 마케팅 설계의 3단계

과 지루한 구매 과정이 포함된다. 이런 문제를 관찰함으로써 기업들은 고객 경험을 강화할 기회를 식별할 수 있다.

다음 단계에서는 페인 포인트를 공간 마케팅으로 해소할 방법을 결정한다. 마케터들은 전자상거래에서 영감을 얻기도 하고 QR 코드, 증강현실, 근접 센서proximity sensor 같은 디지털 도구를 적용해 제품 발견 과정을 개선하고 몰입감 있는 경험을 만들어내기도 한다. 다만, 이 솔루션의 실현 가능성과 타당성을 먼저 평가한 후 실행에 옮겨야 한다. 그러려면 기업들은 디지털 경험이 고객에게 가치를 제공할 수 있는지 확인해야 하며 자사의 능력과 자원, 투자 수익률도 평가해야 한다.

실현 가능성과 타당성이 인정되면, 예비 조사를 시작으로 공간 경험을 구현할 수 있다. 마케터들은 이 반복적인 기법을 활용해 특별한 고객 경험을 전달하고 성공적인 재무 실적을 달성하는 일 사이에서 최적의 균형을 찾을 수 있다.

## 1단계: 고객의 페인 포인트 파악

많은 기업이 그저 최신 유행을 선도하는 모습을 보이고 독특한 경험을 제공하려는 목적으로 기술을 채택한다. 그렇지만 기술을 채택하는 가장 중요한 목적은 고객의 문제를 해결하는 것이어야 한다. 물리적 상호작용에 디지털 경험을 접목할 때도 마찬가지다. 무엇보다 먼저 고객이 직면한 문제를 파악하고, 이 문제를 기술을 활용해 효과적으로 해결할 전략을 짜야 한다.

기업들은 물리적 접점의 페인 포인트를 관찰하는 일부터 시작해야 한다. 오프라인 환경에서 가장 흔한 페인 포인트는 제품 발견 과정에서 어려움을 겪는 것이다. 고객들은 특히 광범위한 제품군을 갖춘 대형 할인점에서 특정한 품목을 찾을 때 문제를 겪는 경우가 많다.

전자상거래는 검색 기능과 개인화된 추천으로 이 문제를 해결한다. 강력한 검색 도구는 고객이 특정 품목을 염두에 두고 신속하게 찾아 구매할 수 있도록 지원하며, 그와 반대로 개인화된 추천은 특별한 목적 없이 사이트를 둘러보는 고객에게 그의 관심사에 부합하는 제품을 제안한다.

결과적으로 온라인에서 물품을 구매하는 고객은 아무리 방대한 제품군을 마주하더라도 제품 발견 과정의 어려움을 겪지 않는다. 전자상거래의 제품 발견 과정을 디지털 경험으로 재현하는 것도 고객에게 도움이 된다. 더 나아가 이런 디지털 기능을 구현하는 것은 전반적인 고객 경험과 만족도가 개선된다는 점에서 기업에 타당한 일이다.

그 밖에 흔한 페인 포인트로는 대면 쇼핑과 연관된 지루한 구매 과정을 꼽을 수 있다. 일반 식료품 같은 품목을 구매하는 고객은 대체로 그 과정을 따분하게 여기기 때문에 쇼핑의 편의성을 요구한다. 최대한 번거롭지 않게 최대한 빨리 구매 과정을 마무리하려고 하는 것이다.

반대로 고객은 주기적으로 구매하는 식료품과 달리 패션, 가전제품, 가구 같은 제품을 구매하는 과정에서는 흥미롭고 매력적인 일을 체험하고 싶어 한다. 이런 점에서, 통제감을 주고 감각을 자극하여 행복감을 높이는 리테일 테라피retail therapy(유통을 의미하는 'retail'과 치료를 의미하는 'therapy'가 합쳐진 말로 쇼핑 경험을 통해 휴식과 자유, 활력을 제공해 소비자를 치유한다는 의미-옮긴이)라는 개념도 유행하기 시작했다. 그런데 이런 부문에서도 보통은 구매 과정이 거래 위주로 매우 지루하게 진행되곤 한다. 심지어 제품을 만지거나 느껴볼 수 있을 때조차 고객은 온라인 쇼핑을 할 때와 달리 추가 정보를 얻고 제품을 비교하는 데 애를 먹는다.

매장 내 고객 여정에서 주목할 만한 또 다른 마찰 지점friction point은 시간이 걸리는 결제다. 결제를 하려고 줄을 서서 기다리는 고객은 불만을 느끼기 마련이다. 이는 번거롭지 않고 즉각적인 결제를 경험하는 전자상거래와는 대조적이다. 팬데믹을 거치면서 고객들은 온라인 쇼핑에 익숙해졌는데, 특히 신속한 거래와 결제에 대한 기대치가 크게 높아졌다.

고객의 페인 포인트가 기업과 산업에 따라 달라질 수 있다는 점도 간과해선 안 된다. 먼저 이 페인 포인트를 파악해야 개선 사항의 핵심 우선순위를 정하는 단계로 넘어갈 수 있다. 마케터들은 이런 이해를 바탕으로 물리적 접점과 디지털 접점을 원활하게 혼합하는 최고의 고객 경험을 설계할 수 있다.

## 2단계: 공간 마케팅 기회 식별

이제 공간 마케팅으로 고객의 특정한 페인 포인트를 해소할 방안을 결정하는 단계다. 페인 포인트 대부분이 온라인 쇼핑 경험을 통해 고객의 기대치가 높아진 데 따른 것이므로 마케터들은 전자상거래에서 영감을 얻어 오프라인 채널에 적용할 수 있다.

마케터들은 다양한 해법을 모색하고 그 타당성을 평가해야 한다. 만약 페인 페인트가 제품 발견과 관련이 있다면, 디지털 도구를 도입해 고객의 제품 발견 과정을 지원할 수 있다. 간단한 해법으로 제품에 QR 코드를 부착하거나 증강현실을 도입해 제품 발견 과정을 원활히 하는 방법도 있다. 아니면 근접 센서를 이용해 매장에서 제품을 찾아다니는 고객을 안내할 수도 있는데, 특정한 구역에 접근하는 고객에게 추천을 해주거나 제품의 정확한 위치를 찾도록 도울 수 있다.

매끄러운 고객 경험을 보장하려면, 모든 기능을 갖춘 모바일 앱이 필수적이다. 이 앱은 인스토어 모드로 작동되어야 하며 고객이 QR 코드를 스캔해 증강현실에 접속할 수 있게 해야 한다. 그리고 매장 내에 센서를 설치해 근접 마케팅과 제품 위치 안내를 원활히 진행해야 한다.

만약 고객의 불만이 몰입감 있는 경험을 기대하는 데서 생겨났다면, 마케터들은 매장 내 재미 요소들을 통합하는 방안을 고려해야 한다. 이 방안은 매장 내에 게임화의 원리를 적용하거나 대화형 디스플레이를 설치하여 실행할 수 있다. 예컨대, 패션 소매 업체들은 가상의 피팅룸을 활용해 고객이 자신에게 딱 어울리는 옷을 선택하면서 매우 흥미롭고도 새로운 경험을 할 수 있게 한다.

문제가 결제와 지불 과정에서 발생했다면, 셀프서비스 결제를 구현해서 고객이 선택한 물품들을 직접 스캔하고 사전에 저장된 결제 수단으로 자동 결제가 이뤄지게 하면 된다. 이보다 좀 더 발전된 방법은 아마존의 '저스트 워크 아웃' 결제 시스템을 도입하는 것이다. 이 시스템을 도입하면 고객은 지루한 결제 과정 없이 제품을 들고 매장을 나오면 된다.

마케터들은 가능한 해법들의 실현 가능성을 평가해야 한다. 그러려면 우선 매장 내 전체 여정에 걸쳐 고객을 인도하는 디지털 솔루션을 회사가 개발할 능력이 되는지를 판단해야 한다. 아울러 이 기술 인프라를 설치하는 경우 투자수익률이 얼마나 될지도 따져봐야 한다. 더 나아가 이 디지털 경험을 바람직하게 이용하고 체험하는지 평가하는 일도 마찬가지로 중요하다. 마케터들은 이 해법들이 새로운 페인 포인트를 생성하지 않고 고객에게 가치 있게 전달되도록 해야 한다.

### 3단계: 공간 경험 구현

기업들이 공간 경험의 호감도를 평가할 때 종종 어려움을 겪는 이유는 디지털 솔루션의 실험을 거쳐야 하기 때문이다. 이 새로운 고객 경험의 성패를 예측하고 투자의 정당성을 찾기 위해 기업은 위험을 감수하고 초기 투자로 필요한 인프라를 구축해야 한다. 포괄적인 공간 경험을 위한 인프라를 개발하기까지 비용이 꽤 소모될 수도 있다.

예를 들어 공간 마케팅을 진행할 때 스마트 센서 인프라를 구축해야 하는데, 그러려면 매장 곳곳에 비콘이나 안면인식 카메라 같은 다양한 장비를 설치해야 한다. 이 센서들은 데이터를 수집하고 고객에게 개인화된 경험을 제공하는 데 핵심 기능을 하겠지만, 이런 인프라를 구축하고 유지하려면 상당한 재정을 투입해야 한다. 마찬가지로 디지털 진열창 광고나 가상 피팅룸 등 대화형 디스플레이를 매장에 설치할 때도 상당한 재정 자원을 동원해야 한다. 몰입감을 높이는 이 요소들은 제품을 체험하는 혁신적인 방법을 제공해 고객 경험을 강화하겠지만, 이를 위해 부담해야 하는 하드웨어와 소프트웨어, 콘텐츠 제작 비용 등을 무시할 순 없다.

이렇게 높은 설치 비용을 고려할 때, 많은 기업이 공간 마케팅 솔루션의 시행 계획을 세우는 데 신중한 이유도 이해할 만하다. 그래서 기업들은 위험을 완화하고 비용을 관리하기 위해 플래그십 매장에서 먼저 소규모 예비 조사 과정을 거친다. 해당 매장은 브랜드의 정체성을 보여주고, 새로운 계획을 실행하는 공개 행사장의 역할을 한다. 이 매장에서 공간 경험을 시험함으로써 기업은 더 많은 지역으로 계획을 확대하기 전에 고객의 반응을 평가하고 가치 있는 통찰을 얻을 수 있다.

시범 단계에서 기업들은 인프라의 효과 및 고객 행동에 대한 공간 경험의 영향을 평가할 수 있다. 이 과정은 기술을 미세하게 조정하고, 새롭게 떠오르는 문제를 해결하고, 피드백을 바탕으로 데이터 기반의 의사결정을 내릴 기회가 된다. 이런 반복적 접근 방식은 기업이 투자를 최적화하고 대상 고객의 선호도와 기대치에 맞춰 전략을 조정하는 데 도움이 된다.

궁극적인 목표는 혁신과 재정적 타당성 사이의 균형을 유지하는 것이다. 엄선된 장소에서 공간 경험을 시험하여 타당성과 근거를 확보하고 잠재적 이익이 비용보다 더 큰지 평가할 수 있다. 이와 같은 신중한 접근 방법으로 정보에 근거한 의사결정을 내린 후에는 매장 전반에 걸쳐 공간 마케팅 계획을 자신 있게 실행할 수 있다.

## SUMMARY

최근 수십 년 동안 인간이 기계와 상호작용하는 방법이 터치스크린으로 옮겨 갔으며, 기술이 발전하면서 기계는 점점 더 인간의 능력을 모방하고 있다. 공간 마케팅은 물리적 상호작용과 직관적인 디지털 경험을 통합함으로써 이 트렌드를 활용하는 기법이다.

공간 컴퓨팅은 근접 마케팅을 강화해 마케터가 고객의 존재를 감지하고 맞춤화된 메시지를 전달할 수 있게 해준다. 또한 마케터가 인공지능을 기반으로 고객에게 개인화된 가치 제안을 제공할 수 있는 맥락 마케팅도 활용한다. 궁극적으로 공간 마케팅은 디지털 콘텐츠와의 상호작용으로 현실 세계를 증강함으로써 물리적 경험과 디지털 경험을 혼합하는 마케팅 전략이다.

**생각해볼 질문들**

- 물리적 공간 내 고객 경험을 강화하려면, 당신의 회사에서는 공간 마케팅을 어떻게 활용해야 할까? 고객을 식별하고 맞춤화된 제안을 전달하려면, 필요한 인프라를 어떻게 구축해야 할까? 더 나아가 물리적 공간에 어떤 디지털 경험을 혼합할 수 있을까?
- 공간 마케팅을 위해 고객의 데이터를 수집하고 분석하기로 했다면, 사생활 침해 우려 문제는 어떻게 해결하고자 하는가? 공간 마케팅을 시행하는 동안 또 어떤 문제들이 발생할 것으로 생각되는가?

10장

# 메타버스
# 마케팅

이면의 욕구를 파악하라

수많은 브랜드가 메타버스 속에서의 마케팅을 도입하여 고객을 3차원 가상 공간에 참여시키는 등 고객과 소통할 수 있는 독특한 기회로 활용하고 있다. 이런 유형의 마케팅은 소셜 미디어와 여타 콘텐츠 플랫폼을 대상으로 하는 전통적인 2차원의 마케팅 영역을 넘어 확장시킨다는 점에서 참신한 접근 전략으로 보인다. 브랜드들은 가상 세계 안에서 10분짜리 공연을 개최하거나 즉석에서 맞춤 운동화를 제공하는 등 물리적 공간에서는 보기 어려운 놀랍도록 창의적인 시도를 마다하지 않는다.

게다가 메타버스는 새롭게 떠오르는 집단, 구체적으로 말해 가상 탐험에 매우 익숙한 젊은 층의 마음을 사로잡는 영향력 있는 플랫폼이다. 메타버스 네이티브, 즉 Z세대와 알파세대에게는 가상 세계에서 오랜 시간을 보내는 것이 익숙하고도 자연스러운 일이다. 이들에게 메타버스는 비디오게임과 소셜 미디어의 몰입형 융합을 의미한다.

메타버스에 진입하는 브랜드들은 앞으로 10년 동안 시장 적합성을 유지하기 위해 기존 고객층의 상당 부분을 Z세대와 알파세대로 구성하거나 이들과 적극적으로 소통하여 미래 고객으로 확보해야 한다. 따라서 이러한 브랜드들은 메타버스 네이티브와 목표로 하는 표적 집단 사이의 교집합을 찾아야 한다. 그리고 필요한 투자를 정당화할 만큼 겹치는 부분이 꽤 있을 때 메타버스에 자신들의 입지를 구축해야 한다.

일부 브랜드는 단지 좋은 기회를 놓칠까 봐 메타버스라는 시류에 편승하는 것 같다. 메타버스를 둘러싼 초기의 흥분된 분위기가 가라앉으면서 해당 브랜드들은 불안해했고 미래가 불확실해 보였다. 그러다가 경제 여건이 어려워지자 이들은 메타버스 마케팅에 대한 투자를 축소했다. 명확한 목표와 잘 정의된 로드맵 없이 단기간의 이익을 좇다가 결국 자원만 낭비하고 만 셈이다.

이전 장에서 메타버스는 기업이 장기간 투자해야 하는 대상이며, 이 분야에서는 즉각적인 결과가 나오지 않을 수도 있다는 사실을 확인했다. 그럼에도 메타버스가 무한한 잠재력을 가졌다는 사실을 암시하는 압도적 증거가 있다. 메타버스 기술의 움직임은 젊은 세대로 향하는 인구통계학적 변화와 맥을 같이한다. 더군다나 디지털 트렌드와 이를 가능하게 하는 기술이 몰입형 마케팅으로 수렴하고 있기 때문에 기업이 메타버스를 수용하는 것은 피할 수 없는 길이다.

일부 브랜드들은 메타버스에 전념하며 이 새로운 영역의 선구자가 되려고 노력하고 있다. 이들은 핵심 성공 요인을 매우 잘 이해한다. 메타버스 마케팅이 물리적 공간에서 전통적 마케팅을 대체한다기보다는 보완한다는 의미가 있다는 것을 이들은 잘 알고 있다. 그래서 기존의 마케팅 전략에 메타버스 전략을 매끄럽게 통합하며 마케팅 활동을 유지해나간다.

**메타버스 마케팅의 성공 열쇠**

[그림 10.1] 메타버스 마케팅의 핵심 성공 요인

메타버스에서 성공한 브랜드들은 로블록스와 포트나이트에서 볼 수 있는 커뮤니티와 같이 기존 메타버스 커뮤니티의 참여를 유도하는 데 중점을 둔다. 젊은 게이머와 크리에이터들로 구성된 이들 커뮤니티는 이미 메타버스 내에 번성하는 생태계를 구축했다. 이런 커뮤니티를 대상으로 한 마케팅 활동은 상당한 관심을 불러일으키며 효과적인 것으로 입증됐다. 하지만 새로운 사용자를 유치하는 데는 많은 어려움이 있다.

메타버스에서 브랜드 캠페인에 성공하려면, 신규 고객의 마음을 사로잡을 수 있는 단순성에 중점을 둬야 한다. 예컨대 아바타용 가상 의류는 사용의 단순성 덕에 인기가 치솟았다. 가상현실 헤드셋이나 컨트롤러 같은 값비싼 장비가 없어도 될 뿐 아니라, 오히려 컴퓨터나 인터넷에 연결된 기기로 쉽게 접속할 수 있어야 한다는 의미다. 성공하는 브랜드는 사회적 연결을 우선시하는 경험을 제공하여 게임과는 거리가 멀 수도 있는 신규 사용자들의 취향을 만족시키고, 소셜 미디어 플랫폼과 유사한 가상 환경에서 사용자들이 서로 소통하고 연결되게 해야 한다.

성공하는 브랜드는 또한 탈중앙화된 버전의 메타버스가 NFT와 암호화폐에 대한 부정적인 시각 탓에 어려움을 겪을 수 있다는 점을 인식하고 있다. 이런 브랜드는 자사의 메타버스 벤처 사업에 블록체인 기술을 적용할 때, 가상 재화를 성공적으로 배포하고도 자사의 재화를 명시적으로 NFT로 표시하는 걸 자제한다. 이들 중 일부는 탈중앙화된 메타버스에 아예 접근하지도 않으며, 그보다 더 널리 받아들여지는 중앙화된 버전을 선택한다.

무엇보다도 메타버스에서 실험에 성공한 기업들은 잘 정의된 로드맵을 준수한다. 그 로드맵은 가상의 영역 안에 있는 타깃 고객, 즉 고객의 동기와 목표를 이해하는 것에서 시작된다. 이러한 요소를 이해해야 브랜드는 고객의 구체적인 니즈에 맞게 제품을 맞춤화하여, 단순히 트렌드를 따르는 것이 아닌 진정한 가치를 창출할 수 있다. 또한 브랜드는 각각의 특징과 거버넌스 구조를 가진 다양한 메타버스 옵션을 고려하여 가장 적합한 실현 방안을 신중

**메타버스 마케팅 계획 수립**

메타버스 사용자의
동기를 파악한다.

메타버스에
참여할 방법을
설계한다.

가장 적합한
실행 방안을
선정한다.

[그림 10.2] 메타버스 마케팅의 3단계

하게 선정해야 한다.

# 메타버스 사용자의 동기 파악

대부분의 젊은 세대에게 메타버스는 현실 세계의 문제에서 벗어날 수 있는 가상의 피난처 역할을 한다. 또한 많은 사람들이 메타버스를 다른 사람들과 연결되고 자유롭게 사회적 상호작용에 참여할 수 있는 기회로 여긴다. 그리고 메타버스를 전통적인 전자상거래 플랫폼을 대체할 수 있는 대안으로 생각하는 사용자도 점점 많아지고 있다. 한편 일부 크리에이터 집단은 메타버스를 금전적 이익을 얻는 플랫폼으로 인식하고, P2E 메커니즘을 활용해 가상의 재화를 창작하며, 메타버스의 크리에이터 경제에 참여하고 있다.

### 재미있는 피난처로서의 메타버스

가끔은 일상생활이 힘에 부칠 때가 있다. 이때 사람들은 반복되는 일상에서 잠시 눈을 돌려 비디오게임을 하거나 소셜 미디어를 둘러보거나 여행을 떠난다.

메타버스는 이 모든 즐거움을 한 번에 누릴 수 있는 곳이다. 요컨대, 사용자들은 게임을 하기도 하고 콘텐츠를 탐색하기도 하고

사용자들은 왜 메타버스에 참여할까?

경제적 이익을
얻기 위한
메타버스

편리한
쇼핑을 위한
메타버스

연결되는
공간으로서의
메타버스

재미있는
피난처로서의
메타버스

[그림 10.3] 메타버스에 참여하는 고객의 동기

그 안에서 여행을 하기도 한다. 이렇게 메타버스는 일상의 스트레스를 피해 꿀맛 같은 휴식을 취하며 기분 전환을 할 수 있는 곳이다. 세계적인 경영 컨설팅 기업 올리버와이만Oliver Wyman이 실시한 글로벌 설문조사에 따르면, 사용자의 41%는 메타버스에 참여하는 주된 이유로 재미있는 경험을 꼽았다.

메타버스는 실제로 재미있고 편안한 공간으로, 개인들이 아바타를 사용해 자신을 자유로이 표현하기도 한다. 사용자들은 다른 사람의 눈치를 볼 필요 없이 자신의 외모를 꾸미고 시간을 보낼 방법을 결정할 권한을 가진다. 마치 자신의 더 나은 버전을 구현하는 것과 같다.

메타버스는 사용자들이 진정으로 가상 세계의 일부라고 느끼는 몰입 경험이다. 사람들이 시간 가는 줄 모르고 메타버스에 빠져들고 다음 날 다시 접속해 이전에 중단했던 곳에서 탐험을 계속하는 것도 다 그런 이유에서다.

게다가 메타버스에는 미션과 경쟁을 비롯한 롤플레잉 게임의 요소들까지 접목되어 흥분감이 더해진다. 복잡한 비디오게임과 달리 메타버스 게임은 대개 매우 단순한 게임 방식을 따른다. 이 단순성은 사용자들이 메타버스에 계속 참여하도록 성취감과 도전 과제를 제공한다는 점에서 특히 중요하다.

메타버스와 관련해서 주목해야 할 측면 중 하나는 무한한 상상력을 허용한다는 점이다. 사용자들을 무한한 가능성이 있는, 새롭고 흥미로운 장소로 데려간다. 메타버스는 물리적 세계가 반영되도록 설계되지만, 사용자들에게 창작물을 만들고 큰 꿈을 꿀 자유를 선사한다. 여기서 끝이 아니다. 메타버스에서는 개개인이 기술을 개발하고 관심 분야에서 창의성을 발휘할 수 있다. 현실 세계에서는 누리지 못할 법한 기회가 주어지는 것이다. 사용자들이 바라는 바가 성공한 사업가가 되는 것이든, 상상력이 넘치는 건축가가 되는 것이든, 숙련된 코더coder가 되는 것이든, 모험심 강한 사냥꾼이 되는 것이든 메타버스는 이 모든 꿈을 구현할 수 있는 장을 제공한다.

## 연결 공간으로서의 메타버스

사람들이 메타버스를 찾는 또 다른 이유는 다른 사람들과 관계를 맺을 수 있기 때문이다. 앞서 언급한 올리버와이먼의 설문조사에 따르면, 메타버스 네이티브의 26%가량이 사람들과 연결되려고 메타버스에 참여한다. 그런데 관계를 구축할 때 메타버스가 대면 상호작용을 대체한다는 의미가 아니라는 점을 분명히 해야 한다. 그보다 메타버스는 디지털 커뮤니케이션의 다음 단계를 의미한다.

메타버스가 디지털 영역 안에서 실제 상호작용에 가장 근접한 방식을 제공한다는 데는 의심의 여지가 없다. 소셜 미디어에서는 비동기식 소통asynchronous communication(문자 메시지, SNS 메시지, 이메일처럼 시차를 두고 하는 소통-옮긴이)이 가능해서 마음대로 대화를 중단하거나 재개할 수 있는 반면, 메타버스는 동기식 상호작용 모델synchronous interaction model로 개인 간에 실시간 소통이 활발히 이루어진다. 메타버스 내에서는 사람들이 실시간으로 경험을 공유하기도 한다.

인스턴트 메시지로 동기식 소통을 할 수도 있지만, 메타버스는 개인들이 가상 환경에서 소통할 수 있는 3차원의 공간을 제공한다는 점에서 차별화된다. 이 몰입 환경은 진정한 사회적 존재감을 제공하며, 자신을 닮은 아바타의 외모와 몸짓, 공간이동을 통한 공간 지각이 더해져 매우 높은 수준의 몰입감을 불러일으킨다. 본질적으로 메타버스는 거주할 수 있는 인터넷으로 여겨지는데, 가상 공간 내 사용자 근접성 때문에 다른 사람과의 만남이 끊임없이 일어난다.

커뮤니티들은 매체의 다중성media multiplexity이라는 현상 덕에 메타버스에서 번성한다. 이 개념은 강한 유대로 연결된 개인들이 다양한 커뮤니케이션 수단, 특히 디지털 채널들을 통해 연결되는 경향이 있음을 보여준다. 그에 따라 이미 다른 매체를 통해 가까운 관계를 유지하던 커뮤니티들이 자연스레 메타버스로 이끌린다.

메타버스는 커뮤니티 구성원들 간의 유대를 더욱 강화하는 역할도 한다. 메타버스는 특정한 스토리라인이나 게임 방식에 따라 다양한 공간에서 상호작용이 일어나는 곳이기에 사용자들은 흔히 이런 환경 속에서 서로 협력해서 돌아다닌다. 공동의 목표를 추구하는 개인들이 저마다 고유의 역할을 맡으며, 깊은 유대감과 협동심을 키워나가는 것이다.

## 편리한 쇼핑을 위한 메타버스

소셜 미디어가 소셜 커머스 플랫폼으로 변모해 사람들이 소셜 미디어의 상점에서 직접 물품을 구매하듯이, 메타버스는 진화하는 전자상거래의 다음 단계가 될 준비를 마쳤다. 오늘날의 메타버스는 이미 자체 경제를 갖췄고, 거래가 수월하게 진행될 정도로 가상의 영역 내에서 디지털 커머스가 가능해졌다.

메타버스 속에서는 누구나 자기 소유의 디지털 공간을 구축할 수 있다. 이런 흐름에서 기업들이 실제 매장의 디지털 복제본을 만들고 있으며, 메타버스를 사실상 몰입도 높은 전자상거래의 변형으로 바꾸어놓고 있다. 가상의 영역에서는 쇼핑 경험이 제품 범주에 좌우되긴 하지만 물리적 장소의 한계를 넘어서는, 창의성 넘치는 요소들이 제공될 수 있다.

메타버스 거주자들은 이미 가상 영역 내 쇼핑의 개념을 받아들였다. 전자상거래 플랫폼 옵세스Obsess가 조사한 바에 따르면, 고객의 3분의 1이 메타버스 커머스에 참여하는 데 관심을 표현했다. 그럼에도 모든 제품군을 가상으로 소비할 수는 없기 때문에(예컨대 음식이나 음료처럼) 메타버스 커머스에서는 메타버스 경험과 현실 세계의 접점이 짝을 이뤄야 한다.

메타버스 사용자들은 디지털 상점에서 가상의 쇼핑을 하고, 실제 상점에서 자연스럽게 자신의 체험을 이어갈 수 있다. 이를테면, 가상의 음식점 내에서 게임에 참여해 포인트를 얻은 고객은 나중에 해당 음식점의 오프라인 매장에서 음식이나 음료를 구매할 때 포인트로 결제할 수 있다.

고객은 특히 가상의 의류 매장에서 몰입감 있는 제품 체험과 맞춤화된 경험에 몰두하기도 한다. 또한 아바타 영업사원이 고객의 취향을 바탕으로 원하는 품목을 찾아주고 제품을 추천하면서 쇼핑을 돕기도 한다. 원하는 제품을 발견한 고객은 가상 상점에서 바로 해당 제품을 주문하여 자신의 집 주소로 배송되게 할 수 있다. 이렇게 메타버스의 경험과 대면 경험이 통합되는 것이 메타버스 네이티브를 위한 이상적인 모델이다.

## 경제적 이익을 얻기 위한 메타버스

웹 3.0에서는 고객 권한 부여라는 사명이 널리 수용되기에 메타버스의 얼리 어답터는 수동적 참가자와는 차원이 다른 행보를 보인다. 이들은 메타버스 네이티브들의 커뮤니티를 형성하며, 가상 세계 내에 번성하는 비즈니스 생태계를 구축하기 위해 적극적으로 협력한다. 게이머, 투자자, 크리에이터, 서비스 공급자 등으로 구성된 이 얼리 어답터들은 생태계 내에서 구체적인 역할을 맡는다.

메타버스는 이들이 소득을 얻을 수많은 기회를 제공한다. P2E 모델을 제공하는 메타버스가 대표적인 예다. 이 모델하에서 게이머들은 게임 메카닉과 일치하는 특정한 활동에 참여하고, 퀘스트를 완료하고, 다양한 형태의 디지털 화폐를 얻는다. 이 디지털 화폐는 나중에 현금으로 교환할 수 있다.

디지털 자산에 투자하고 거래하는 것은 메타버스 내에서 돈을 버는 또 다른 방법이다. 가상 토지를 매입하여 더 높은 가격에 매도하는 투자자들도 있다. 이들은 가상 토지를 임대 공간으로 개발하기도 한다. 이 과정은 가상의 영역 안에서 이루어진다는 점만 다를 뿐 실제 부동산 개발과 동일하다.

메타버스는 사용자 생성 콘텐츠의 천국이기도 하다. 크리에이터들은 아바타 장식품 같은 가상 제품을 제작하는 데 집중한다. 이 가상 제품은 메타버스 마켓플레이스에서 판매할 수 있다. 더욱이 크리에이터들은 기존 메타버스 내에서 게임을 개발하는 것은 물론 게임 접속 비용을 부과하고 게임 내에서 장식품을 판매하여 수익을 창출하기도 한다. 이뿐만이 아니라 크리에이터들은 공간을 설계하고 제품을 판매하면서 사업을 구축할 수도 있다.

메타버스 내에서는 서비스 업종도 번창하고 있다. 사용자들은 공연이나 세미나 등의 행사를 개최해 참가자들에게 입장권을 판매하기도 하고, 가상 여행을 제공하고 경험을 판매하기도 한다. 메타버스 사용자 중에는 가상 인플루언서가 되어 충성스러운 팔로워들에게 제품과 서비스를 추천하고 제휴 마케팅affiliate marketing과 유사하게 수수료를 벌어들이는 사람들도 있다.

# 메타버스 진출 계획 수립

기업들은 표적 집단이 메타버스에 참여한 이면의 주요 동기를 파악하여 이 가상의 영역에 진출하고 고유의 가치 제안을 제공하는 가장 효과적인 전략을 수립할 수 있다. 계획 수립 과정에는 브랜드화된 수집품 출시, 체험적 광고 개발, O2O 커머스 구축, 게임화된 충성도 프로그램 시행 등의 활동이 포함된다.

### 브랜드화된 수집품 출시

브랜드들은 재미있는 피난처를 찾는 메타버스 네이티브들과 원활히 연결되기 위해 브랜드화된 수집품을 출시하는 일부터 시작할 수 있다. 이 접근 방법을 통해 브랜드에 대한 이해도를 높이고 젊은 층에게 호소하는 효과를 거둘 수 있다. 또한 메타버스는 마케터에게 물리적 영역에서는 개발이 불가능한 제품의 디지털 복제품을 만들 수 있는 독특한 기회를 제공하므로 브랜드의 재미있고 트렌

브랜드는 어떻게 메타버스에 진출할까?

게임화된 충성도 프로그램 시행

O2O 커머스 구축

체험적 광고 개발

브랜드화된 수집품 출시

[그림 10.4] 브랜드가 메타버스에 진출하는 방법

디한 성격을 보여줄 수 있다.

젊은 세대는 대체로 수집을 즐기지만, 취향은 저마다 다르다. Y세대는 복고풍 운동화, 스포츠 카드, 맥도날드 해피밀 토이처럼 사회적 지위를 구축하고 어린 시절의 향수를 불러일으키는 수집품을 모은다. 그에 비해 Z세대와 알파세대는 체험이 중심이 되는 물품을 수집하는 경향이 강하다. 따라서 가상의 수집품에 대해서라면, 소유권이 아니라 체험 속성experiential attribute에 중점을 둬야 한다. 이 차이를 비유를 들어 설명해보겠다. Y세대는 성장하면서 실제 포켓몬 카드를 수집하며 재미를 느꼈을 것이다. 반면 Z세대와 알파세대는 포켓몬고 게임에서 괴물을 수집하기 위해 여러 지역을 돌아다니는 활동에 흥분하며 만족감을 얻었다. 마찬가지로 가상의 아바타 장식품이라고 하면, 단순히 가상의 운동화와 재킷을 소유한다기보다 자신의 정체성이 반영된 아바타를 맞춤 제작하는 체험과 관련이 있다.

Y세대는 수집품을 두고 그 희소성에 큰 매력을 느끼기에 독점성이 있는 것을 수집하려 한다. 반면 Z세대와 알파세대에게 수집품은 열정과 관심사를 공유하는 커뮤니티와 트라이브tribe(부족)의 일원이 되기 위한 입장권 같은 것이다. 그래서 이들 세대는 보다 포괄적인 수집품을 선호한다.

가상 상품 시장에 뛰어든 브랜드로는 포트나이트에서 에어 조던 1과 에어 조던 4 등 다양한 가상 운동화를 출시한 나이키 조던 브랜드가 대표적이다. 이 가상 상품들은 게임 내에서 상호적인 도전 과제와 함께 제시된다. 플레이어들은 여러 활동을 수행해 조던 브랜드 스킨을 획득할 수 있다.

탈중앙화된 메타버스에서는 수집품이 NFT로 가치를 부여받는다. 이 NFT를 통해 수집품에는 특정한 커뮤니티 내 다양한 경험과 멤버십에 대한 권리가 포함된다. 이 수집품을 가상의 멤버십 카드라고 생각해보자. 그러면 특히 물리적 경험 및 커뮤니티 참여와 연관될 때, 가상의 수집품은 단순한 액면가를 넘어 현실 세계의 가치를 지닐 수도 있다. 스포츠 애호가들이 모인 나이키의 가상 커뮤니티 '닷스우시'가 좋은 예다. 여기서는 사용자들이 협력하여 창작물을 제작해서 구성원이 되고 지역 커뮤니티 행사와 체험에 참여한다. 이 수집품들은 재미있는 피난처로 통하는 입구의 기능을 하며, 디지털 영역뿐만 아니라 물리적 영역에서도 메타버스 거주자들의 욕구를 충족시킨다.

## 체험적 광고 개발

가상 세계가 현실 세계를 반영하기에 메타버스에서 진행되는 광고 역시 현실 세계의 광고와 비슷하다. 예를 들어 옥외광고판이나 버스 외부에 설치된 광고를 가상 세계 내에서 볼 수 있다고 상상해보자. 이런 유형의 인게임 광고는 비디오게임에서 유행한다. 파이널 판타지 15 Final Fantasy 15에 등장하는 닛신 Nissin 컵라면 광고, 마리오 카트 8 Mario Kart 8에서 고를 수 있는 메르세데스-벤츠 Mercedes-Benz, 앨런 웨이크 Alan Wake에 나오는 버라이즌 Verizon 광고판이 대표적인 예다.

그런데 메타버스의 광고가 현실 세계의 광고와 완전히 똑같은 건 아니다. 메타버스 네이티브들, 즉 Z세대와 알파세대는 전통적인 광고에 시큰둥한 태도를 보이므로 단순히 제품 로고와 광고만 배치해서는 이들의 호응을 불러일으키지 못한다. 그래서 브랜드들은 브랜드와의 접점에 몰입형 메타버스 경험을 더하는 방법으로 광고 전략을 조정해야 했다.

일반적인 비디오게임과 달리 메타버스는 브랜드가 전용 공간을 만들어 제품과 서비스를 선보이도록 특유의 기회를 제공한다. 그에 따라 고객은 몰입하며 브랜드와 관계를 맺고 상호작용한다. 젊은 세대 사이에서 선풍적인 인기를 끄는 메타버스인 로블록스는 이를 '몰입형 광고immersive ads'라고 부르는데, 브랜드가 3D 포털 portal을 통해 플레이어들을 브랜드화된 가상 영역으로 이동시킨다. 신발 및 의류 브랜드 반스가 로블록스에 만든 가상 스케이트파크가 주목할 만한 사례다. 플레이어들은 공원 안에서 스케이트보딩 체험을 즐기는 한편, 가상 스케이트를 개인화하고 아바타에 맞춤 제작한 옷을 입히기도 한다.

마찬가지로, 삼성은 지미 팰런Jimmy Fallon이 진행하는 인기 TV 쇼 〈더 투나잇 쇼〉를 메타버스에서 진행해 Z세대에게 자사의 제품을 알렸다. 이 설정에 맞춰 쇼의 실제 촬영 장소인 NBC 스튜디오 6B의 디지털 트윈이 구축됐다. 포트나이트 게이머들은 가상 공간을 발견하고 쇼와 연관된 미니게임을 즐길 수 있다. 특히 삼성의 베스트 셀러 모바일 기기가 파워업power-up(비디오게임에서 플레이어에게 일시적인 혜택이나 추가 능력을 부여하는 것-옮긴이)으로 눈에 잘 띄게 등장하는데, 이를 통해 게이머들은 플레이의 단계를 높일 수 있다.

브랜드가 메타버스에 구축한 공간은 커뮤니티들이 모여 관계를 쌓는 장소로도 기능한다. 브랜드들은 사회적 연결을 촉진하여 자사의 광고 캠페인을 효과적으로 홍보하고 신뢰를 형성할 수 있다. 이와 관련한 사례로 홈디포는 알파세대에게 가장 인기가 있는 플랫폼 로블록스에서 '아이들을 위한 워크숍Virtual Kids Workshop'을 제공한다. 흥미를 느끼는 참가자들은 홈디포의 가상 상점을 돌아다닐 수 있으며, 거기서 아이들은 상점 통로에서 스케빈저 헌트 게임을 시작해 필요한 자재를 찾는다. 자재가 다 모이면 새집, 꽃밭, 자동차 같은 가상의 물체로 조립하고 이런 창작물을 로블록스 환경 내에서 활용한다. 이 전략은 브랜드에 매우 유익한 것으로 입증됐는데, 이런 유형의 경험은 고객과 브랜드 간 관계가 강화되고 메타버스 커뮤니티들 사이의 유대가 돈독해지는 계기가 된다.

## O2O 커머스 구축

메타버스의 가장 심각한 한계는 다수의 제품군과 관련해 가상의 경험이 부족해서 현실 세계만큼 만족도가 높지 않다는 점이다. 예를 들어, 음식과 음료 업체들은 소비 경험을 메타버스에서 복제하지 못한다. 마찬가지로, 가상의 의류를 가지고 있어도 실제 옷을 입을 때의 느낌을 얻지 못한다.

전자상거래 영역에서 이는 새삼스러운 문제가 아니다. 그래서 다수의 옴니채널 소매 업체들이 O2O 모델을 솔루션으로 삼아 디지털 경험과 물리적 경험을 매끄럽게 연결한다. 이를테면, 온라인 채널을 통해 유망 고객을 오프라인 매장으로 끌어들여 고객 여정을 완료한다. 식료품 및 패션 소매 업체들이 흔히 활용하는 O2O 전략이 바로 BOPIS, 즉 '온라인에서 사고 매장에서 찾아가는' 서비스다.

브랜드들은 이와 유사한 O2O 전략을 도입해 고객이 메타버스 내에서 체험하는 몰입 경험을 현실 세계로 연결하고 확장한다. 이 전략은 메타버스에서 상당한 시간을 보내는 젊은 세대의 마음을 사로잡고, 그들의 여정을 물리적 영역으로 확대할 기회를 제공하기에 특히 효과적인 것으로 밝혀졌다.

세계적인 인형회사 아메리칸걸American Girl의 가상 상점도 주목할 만한 사례다. 이 회사는 뚜렷이 구별되는 두 가지 경험을 제공한다. 아이들은 가상의 제품 진열대를 둘러보고, 그사이 어른들은 가상 상점에서 직접 인형을 사기도 한다. 이 회사는 또한 가상 박물관도 만들어 풍부한 유산과 역사를 조명한다. 가상 상점이 록펠

러센터 앞에 실제 존재하는 매장과 닮았다는 사실은 사람들의 관심을 유발하고 고객을 유혹해 주력 매장으로 끌어들일 만하다. 더군다나 현실과 가상 상점의 예약 시스템이 통합되어서 가상 상점을 방문한 사람들이 실제 아메리칸걸 카페의 테이블과 파티를 예약할 수도 있다. 고객이 자신의 여정을 가상의 영역에서 물리적 장소로 확장할 수 있다는 뜻이다.

패션 스타일링이 주력인 메타버스 드레스트Drest도 설득력 있는 사례를 보여준다. 이 메타버스의 사용자들은 인플루언서나 다양한 이벤트와 관련된 스타일링 과제를 부여받는다. 이 임무를 완수하면서 획득하는 포인트와 가상 화폐는 메타버스 내에서 새 옷을 구매할 때 사용할 수 있다. 이 메타버스 플랫폼의 현실성이 높아지는 이유는 구찌와 프라다Prada 같은 명품 브랜드를 포함해 250개가 넘는 브랜드와 손을 잡았기 때문이다. 더욱이 사용자들이 가상 스타일링에 포함된 제품을 실제로 게임 내에서 바로 주문하고 구매할 수 있어 가상 세계와 현실 세계의 패션 경험이 자연스레 연결된다.

## 게임화된 충성도 프로그램 시행

메타버스에 참여한 고객은 상호작용의 대가로 유형의 보상을 얻으려 한다. 이런 고객의 관심을 사로잡는 데 브랜드들이 P2E 모델을 수단으로 삼는다. 브랜드들은 게임화의 요소들과 보상이 접목된 충성도 프로그램을 도입하기도 한다. 고객은 몰입되는 게임 플레이 경험을 통해 이 브랜드들과 상호작용하도록 자극받으며, 현실 세계에서 교환할 수 있는 보상을 획득함으로써 동기를 부여받는다.

치폴레가 이 개념을 받아들여 로블록스에 '부리토 빌더Burrito Builder' 게임을 출시하면서 메타버스에 과감히 진출했다. 치폴레의 가상 매장은 향수를 불러일으키는 1990년대를 테마로 하여 미국 덴버에서 문을 연 1호점을 연상시킨다. 플레이어들에게 주어진 미션은 이 가상 매장에서 가상의 부리토를 만드는 것이다. 첫 임무를 완수한 10만 명의 플레이어들은 치폴레의 오프라인 매장에서 실제 음식으로 교환할 수 있는 가상 화폐를 받는다. 치폴레는 이 캠페인으로 P2E 모델을 오프라인 매장의 활성화 전략에 접목해 효과를 봤다.

또 다른 설득력 있는 사례로 웹 3.0 기반의 스타벅스 오디세이 서비스를 들 수 있다. 스타벅스는 수집 가능한 NFT 기반의 스탬프를 배포해 이를 고객이 획득해 다양한 디지털 경험과 물리적 경험으로 교환하도록 했다. 이 혁신적인 개념은 잘 알려진 충성도 프로그램인 스타벅스 리워드Starbucks Rewards와 공통점이 있지만, NFT 기술과 몰입 경험이 합쳐져 독특한 보상과 혜택으로 이어진다.

그뿐만이 아니라 NFT 기술을 이용하는 기업과 고객 커뮤니티는 디지털 제품을 공동 창작하여 마켓플레이스에서 판매하기도 한다. 이 가치 제안은 메타버스 네이티브들에게 반향을 불러일으키고, 이들 중 메타버스 고유의 크리에이터 경제에 참여하고 싶어하는 사람들이 생긴다. 이렇게 탄생한 크리에이터들과의 공동창작 프로세스를 용이하게 하는 브랜드들이 이 적극적인 고객과 끈끈한 유대를 형성할 기회를 누린다.

나이키의 닷스우시 플랫폼은 이 개념이 실증된 사례다. 나이키는 회원들이 커뮤니티 챌린지에 참여하고 자사와의 파트너십으로 NFT 기반 가상 제품을 공동 제작하도록 장려한다. 이 독특한 기회를 누리는 크리에이터들은 공동 제작한 디지털 제품의 디자인에 대한 로열티를 받는다. 이 플랫폼을 도입한 나이키는 자사의 디자인 프로세스에 대대적인 혁신을 일으키는 한편 독립적인 크리에이터들인 고객과의 관계를 돈독히 유지한다. 이 플랫폼은 크리에이터가 메타버스에 참여하려는 동기를 충족시키며 수익을 창출하도록 하는 수단으로 작동한다.


## 최적의 실현 방안 선정


브랜드들이 메타버스 진출을 고려할 때 가상의 영역에 진입하기 위한 최적의 방법을 신중히 계획해야 한다. 메타버스 내에서 낯익은 브랜드를 접하는 고객은 그들을 선도적인 기업이나 혁신적인 기업으로 인식하고, 상당한 기대감을 나타낸다. 그런데 규모가 크다고 해서 메타버스에서 좋은 성과를 낸다는 보장은 없다. 그보다는 기존의 메타버스 경험과 구분되는 독특하고도 차별화된 테마를 선정해야 한다.

브랜드들이 이를 실현하는 최선의 방법은 메타버스로 입지를 확장할 때 현실 세계에서 확립한 브랜드 포지셔닝과 전반적인 내러티브를 유지하는 것이다. 제3의 장소 경험을 제공하고 충성 고객에게 보상을 제공하는 것으로 잘 알려진 스타벅스는 그 개념을 메타버스로도 고스란히 확장했다. 마찬가지로 DIY 프로젝트에 집중하는 홈디포는 이 핵심 테마를 중심으로 하는 메타버스 활성화를 설계했다.

메타버스를 선택하는 문제도 중요하다. 현재 이용 가능한 수많은 메타버스가 있으며, 새로운 메타버스가 계속 탄생하고 있다. 일부 기업은 소규모로 자체 메타버스를 제작하기도 한다. 기존에 존재하는 두 유형의 메타버스는 기업들이 활용하기에 확연히 구별되는 특징이 있다. 앞서 설명한 바와 같이 현재는 중앙화된 메타버스의 인기가 더 높다. 중앙화된 메타버스는 적어도 NFT 및 암호화폐와 연관된 이미지 문제의 영향을 받지 않기 때문이다.

그런데 중앙화된 메타버스는 대개 게임 커뮤니티를 지향한다.

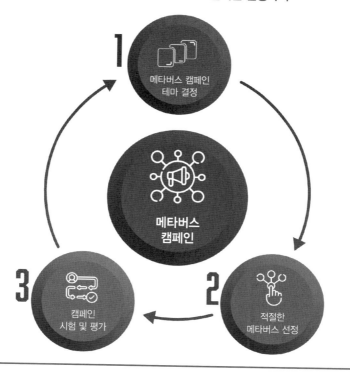

적절한 방법으로 메타버스 캠페인 실행하기

1 메타버스 캠페인
테마 결정

메타버스
캠페인

3 캠페인
시험 및 평가

2 적절한
메타버스 선정

[그림 10.5] 메타버스 마케팅의 실행

대부분이 로블록스, 포트나이트, 마인크래프트 같은 세계 건설 게임 플랫폼에서 구축되기 때문이다. 이 게임들은 여러 사항 중에서도 사용자 프로필에 차이점이 있다. 예를 들어 로블록스의 사용자층은 16세 미만이 대부분이다. 반면 포트나이트는 좀 더 나이가 많은 집단을 끌어들여 사용자들 대부분이 18세에서 24세 사이이다.

중앙화된 메타버스와 달리 더샌드박스와 디센트럴랜드 같은 탈중앙화된 메타버스는 블록체인 기술을 구현해 더욱 향상된 기능을 제공한다. 하지만 블록체인 기술을 이용한다는 것은 특정한 위험이 따른다는 의미이기도 하다. 탈중앙화된 메타버스는 일반 고객에게 별로 익숙하지 않으므로 기업들은 목표로 하는 사용자 프로필에 부합하는 적절한 메타버스를 선택해야 한다.

기업들은 한시적인 광고 캠페인을 만들어 대중의 관심과 반응을 평가하는 등 다양한 테마와 메타버스를 시험할 수 있다. 구찌는 다수의 메타버스 캠페인을 시험한 브랜드의 본보기를 보여준다. 구찌는 먼저 로블록스에서 2주간 임시 가상 공간인 구찌 가든Gucci Garden을 공개했다. 이어 더샌드박스에서 구찌 볼트 랜드Gucci Vault Land라는 2주짜리 활성화 이벤트를 진행했다. 그리고 최종적으로 로블록스 안에 구찌 타운Gucci Town이라는 영구적인 전용 공간을 만들었다.

메타버스 진출의 성공 여부를 평가할 때는 캠페인에 참여한 사용자 수, 브랜드 인식과 인지도가 향상된 측면을 보는 브랜드 리프트brand lift, 창출된 증분 매출incremental revenue 등 여러 지표를 살펴봐야 한다. 이 지표들을 평가하고 메타버스 활성화에 이상적인 모델을 결정한 후 메타버스에 영구적인 공간을 만들 수 있다.

## SUMMARY

메타버스는 새로이 부상하는 집단, 구체적으로 말해서 Z세대와 알파세대를 매혹할 만한 플랫폼을 선사한다. 이 세대에게 메타버스는 다양한 의미가 있다. 메타버스는 재미있는 피난처, 사람들과의 관계를 돈독히 하는 공간, 몰입형 전자상거래, 콘텐츠 크리에이터가 디지털 창작물로 수익을 창출하는 플랫폼으로 인식된다.

브랜드는 이 집단의 욕구를 파악해야 메타버스 내에서 제공할 최적의 경험을 설계할 수 있다. 이런 경험에는 브랜드화된 수집품, 체험적 광고, O2O 커머스의 매끄러운 통합, 게임 요소가 적용된 충성도 프로그램 등이 포함된다. 브랜드들은 실험과 탐색의 과정을 거쳐 가장 효과적인 실행 방안을 찾아내야 한다. 그런 다음 메타버스 마케팅에 자원 투자를 확대해야 한다.

### 생각해볼 질문들

- Z세대와 알파세대의 관심을 사로잡는 플랫폼으로서 메타버스의 잠재적 혜택과 문제점은 무엇일까? 의미 있는 경험을 생성하기 위해 브랜드들은 이 고려 사항을 어떻게 다뤄야 할까?
- 당신의 회사는 개발 초기 단계에 있는 메타버스에 진출할 의향이 있는가, 아니면 플랫폼이 성숙 단계에 이를 때까지 기다렸다가 뛰어들 계획인가?

## 감사의 글

이 책을 집필하는 과정에서 소중한 도움을 준 마크플러스MarkPlus 경영진에게 진심으로 감사를 표합니다. 그리고 이 책의 내용을 위해 훌륭한 마케팅 지식을 제공해준 마케티어스Marketeers 팀에게도 특별한 감사를 전합니다. 끝으로《필립 코틀러 마켓 6.0》을 개발하는 동안 훌륭한 협업을 보여준 와일리 출판사의 에디터들에게도 감사의 말씀을 전합니다.